高等职业教育高水平专业群创新系列教材·汽车类

汽车行驶与操纵系统检修

活页工单式

主　编　邱艳芬　李明清　路兵兵
副主编　马建新　靳光盈　张斯程
参　编　冯　茹　郭紫威　邱　洁
　　　　徐　凯　何英俊　佟得利

北京理工大学出版社
BEIJING INSTITUTE OF TECHNOLOGY PRESS

版权专有　侵权必究

图书在版编目（CIP）数据

汽车行驶与操纵系统检修 / 邝艳芬，李明清，路兵兵主编. —北京：北京理工大学出版社，2021.11

ISBN 978-7-5763-0626-2

Ⅰ. ①汽⋯　Ⅱ. ①邝⋯ ②李⋯ ③路⋯　Ⅲ. ①汽车－行驶系－车辆修理②汽车－操纵系统－车辆修理　Ⅳ. ① U472.41

中国版本图书馆 CIP 数据核字 (2021) 第 219714 号

出版发行 / 北京理工大学出版社有限责任公司
社　　址 / 北京市海淀区中关村南大街 5 号
邮　　编 / 100081
电　　话 /（010）68914775（总编室）
　　　　　（010）82562903（教材售后服务热线）
　　　　　（010）68944723（其他图书服务热线）
网　　址 / http://www.bitpress.com.cn
经　　销 / 全国各地新华书店
印　　刷 / 河北盛世彩捷印刷有限公司
开　　本 / 787 毫米 × 1092 毫米　1/16
印　　张 / 15　　　　　　　　　　　　　　　　　　责任编辑 / 孟祥雪
字　　数 / 328 千字　　　　　　　　　　　　　　　 文案编辑 / 孟祥雪
版　　次 / 2021 年 11 月第 1 版　2021 年 11 月第 1 次印刷　责任校对 / 周瑞红
定　　价 / 49.00 元　　　　　　　　　　　　　　　　责任印制 / 李志强

图书出现印装质量问题，请拨打售后服务热线，本社负责调换

前 言

汽车产业面临大变革、大变局的同时，迎来了电动化、智能化、网联化、共享化的新机遇。随着汽车产业的更新发展，新工艺、新技术、新材料在汽车上应用得越来越多。相应地，要求汽车售后市场适应时代变化带来的对汽车维修人才的需求。编写团队根据多年的教学、培训经验，结合《国家职业教育改革实施方案》对新型活页教材的要求，编写本书。

本教材的编写，坚持"以能力为本位，以就业为导向"的原则。在结构安排方面，以模块化设计为基础，以企业典型工作任务流程为导向，培养学生岗位职业能力，工作任务能级递进与 1+X 证书考核内容相统一，实现与 1+X 课证融通。本活页教材配套开发有针对性、实用性的信息化资源，适应"互联网＋职业教育"发展需求。在内容设置方面，摒弃旧识，围绕新技术、新工艺、新结构选取企业工作任务，力求借助真实的工作任务和场景，锻炼学生的动手实践能力、独立学习和思考能力，形成良好的职业素养，为汽车行业培养优秀的高素质、高认知、高技能型人才。

本教材具有以下特点：

1. 采用模块化设计。本教材共有 6 个模块：车轮与轮胎、悬架系统的检测与维修、转向系统的检测与维修、常规制动与电子驻车系统的检测与维修、ABS 防抱死系统的检测与维修、四轮定位。模块化教学设计一方面有利于课程教学的资源整合、组织和管理，另一方面有利于学生的系统化学习。

2. 引入企业工作任务。本教材以企业 20 个典型工作任务为基础，以企业真实的工作情景为切入点，以工作流程为导向，配套文本、视频、维修手册、动画等立体化资源服务于工作任务，引导学生完成实际岗位工作任务，实现"做中学""学中做"，充分发挥学生的主观能动性，锻炼学生自主学习的能力。

3. 采用能力逐级递进的任务设计模式。教学工作任务设计符合学习、认知规律，任务难度逐级递增，工作任务对应 1+X 的初级、中级、高级，实现课证融通。

本教材编写情况：邝艳芬（模块一）、李明清（模块三）、路兵兵（模块五、模块六）

担任主编,马建新(模块二)、靳光盈(模块三)、张斯程(模块四)担任副主编,徐凯、邱洁、冯茹、何英俊、佟得利、郭紫威参与编写。本书的编写得到了编者所在单位领导及相关老师的大力支持,得到行业专家的指导和帮助,同时教材的编写参阅了大量的文献资料,在此一并表示衷心的感谢!

由于编者水平有限,书中如有不妥和错误之处,敬请广大读者批评指正。

编 者

目　录

模块一　车轮与轮胎 ··· 1
　任务 1　改装轮胎 ·· 2
　任务 2　校准间接式或直接式胎压监测系统 ······································· 23
　任务 3　升级胎压控制系统 ·· 39

模块二　悬架系统的检测与维修 ·· 50
　任务 1　更换悬架下摆臂 ··· 51
　任务 2　拆卸与安装前减振器 ··· 62
　任务 3　操作空气悬架 ·· 76
　任务 4　更换车身高度传感器 ··· 82
　任务 5　排除车辆空气悬架故障灯点亮 ·· 94

模块三　转向系统的检测与维修 ·· 98
　任务 1　转向系统保养与维护 ··· 99
　任务 2　更换转向横拉杆球头 ··· 108
　任务 3　排除液压助力转向沉重 ·· 119
　任务 4　排除电动助力转向故障 ·· 131

模块四　常规制动与电子驻车系统的检测与维修 ························· 151
　任务 1　检查真空助力器 ··· 152
　任务 2　更换制动液 ··· 161
　任务 3　更换前轮制动块 ··· 168

　　任务 4　更换电子驻车制动块 ·· 172

模块五　ABS 防抱死系统的检测与维修 ·· 180
　　任务 1　更换 ABS 轮速传感器 ·· 181
　　任务 2　更换 ABS 液压泵和控制单元并进行编码和执行元件诊断 ································ 189
　　任务 3　排除 ABS 防抱死系统故障灯点亮的故障 ·· 208

模块六　四轮定位 ·· 213
　　任务　四轮定位 ··· 214

模块一

车轮与轮胎

学习任务与能力矩阵	
任务	能力
任务1 改装轮胎	能够参照维修手册进行备胎更换，能够依据设备的使用说明及注意事项进行扒胎和动平衡。 具体能力要求：车轮的检查、车轮的拆卸、车轮的动平衡、举升设备使用、工具的正确使用、安全意识、制订调整工作计划
任务2 校准间接式或直接式胎压监测系统	根据学生认知规律，针对直接式胎压监测系统进行传感器的更换，并进行校准、故障分析
任务3 升级胎压控制系统	根据学生认知规律，针对胎压控制系统进行故障分析并用专用的诊断设备进行检测

任务1 改装轮胎

一、任务信息

任务难度	初级		
学时	12学时	班级	
成绩		日期	
姓名		教师签名	
案例导入	一位客户向服务顾问讲述,在社交软件看到跟自己同配置汽车装的轮胎,看上去高端大气,想要把自己的爱车也换上这样的轮胎,问可不可以以及注意事项		
能力目标	知识	能够制订更换备胎工作计划;能够描述在轮胎升级中需要掌握的匹配车轮和轮胎的知识	
	技能	1.能够依据设备的使用说明及注意事项进行扒胎和动平衡。 2.工具的正确使用以及制订和调整工作计划的能力。 3.职业规范变成他的行为意识	
	素养	1.能够与团队成员协作完成任务。 2.具有安全意识	

二、任务流程

(一)任务准备

课前预习内容,在进行备胎更换之前,应先查看相关车型维修手册,弄清备胎更换的注意事项及操作技术。在进行轮胎升级前,需要弄清车轮和轮胎的作用、结构、标识的含义、轮胎升级的原则以及拆卸和安装轮胎的操作过程,还有如何进行动平衡。请查看下图二维码进行学习。

视频:备胎的更换

（二）任务实施

任务1.1　备胎更换

1. 工作表

（1）备胎的特点：（请在对应□内打√）
- □ 尺寸小　　□ 重量轻　　□ 成本低　　□ 占空间小　　□ 性能稍差
- □ 常是高压胎　□ 常是低压胎　□ 成本高　　□ 尺寸大　　□ 占空间大
- □ 性能稍好　　□ 重量大

（2）查看维修手册，请说明备胎更换需要哪些工具。
_____
_____

（3）查看维修手册，制订备胎更换的工作计划。
_____
_____
_____
_____
_____
_____
_____

（4）请说明备胎更换过程中需要注意哪些问题。（请在正确的□内打√）
- □ 在拧下车轮与轮毂连接的全部螺母前，应将备胎放在对应位置的车门的下方。以免因千斤顶故障等原因导致车身倾斜而发生事故。
- □ 在进行备胎更换时，应放置警示标志。
- □ 应注意螺栓要按对角线顺序拧紧。

技师签字：　　　　　　　　　　　　　　　　　　　　年　　月　　日

2. 参考信息

相关车辆维修手册。

任务1.2　轮胎升级

1. 工作表

（1）请将左侧红旗车车轮总成的各组成部分与右侧图上对应部位连线，并在车轮总成上指出各组成部分。
- □ 轮胎
- □ 轮辋
- □ 轮毂
- □ 轮辐

(2) 请将左侧车轮总成图上的各件号所指部位与右侧对应的名称连线。

①   □ 轮胎
②   □ 轮辋
③   □ 轮毂
④   □ 轮辐
⑤   □ 轮胎压力传感器
⑥   □ 车轮连接螺栓

(3) 请将当前轮胎上的正确信息填入下表。

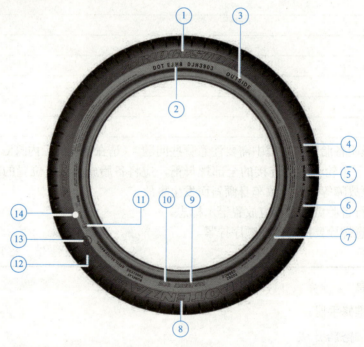

序号	说明	序号	说明
1		8	
2		9	
3		10	
4		11	
5		12	
6		13	
7		14	

① 通过红旗 HS7 的轮胎标记 255/50R19 107W（智联旗畅四驱版 / 智联旗领四驱版 255/45R20 105V），可获得哪些信息？

_____

_____

② 请在正确的轮胎识别码后四位含义所对应的□ 内打√。

☐ 生产日期 2008 年 3 月份
☐ 生产日期 2003 年 8 月份
☐ 生产日期 2003 年第 8 周生产
☐ 生产日期 2008 年第 3 周生产

③ 请在实训车辆上找到生产日期标识，并查阅资料说明轮胎的保质期。

_____

④ 下图中显示的轮胎信息正确的是哪个？（请在对应□ 内打√）

☐ 这条轮胎的最大载重量是 615 kg
☐ 这辆车的最大载重量是 615 kg

⑤ 测量轮胎花纹深度。
左前轮花纹深度：_____ 最小花纹深度：_____

请在车轮上找出下图红圈中所示的极限磨损标识（如有请在□ 内打√）；右图为红旗车所用车轮，它的轮胎花纹如中间图所示，它的极限磨损标识是□ 1 □ 2 □ 3（请在正确的选项□ 内打√）。

 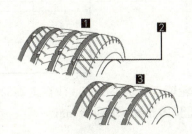 

⑥ 下图是不同花纹深度对应的湿滑路面制动距离,是什么原因造成制动距离延长?

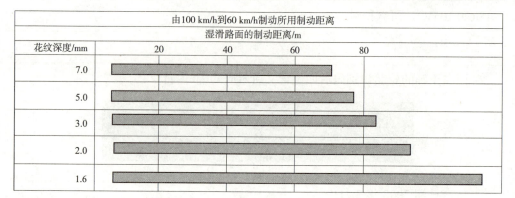

原因:_____

(4)轮辋。

① 轿车一般用哪种类型的轮辋?(请在正确的选项□内打√)
  □ DC—深槽轮辋   □ WDC—深槽宽轮辋   □ SDC—半深槽宽轮辋
  □ FB—平底轮辋   □ WFB—平底宽轮辋   □ TB—全斜底轮辋
  □ DT—对开式轮辋

② 在改装轮胎前你还要明确改装车辆的轮辋尺寸:

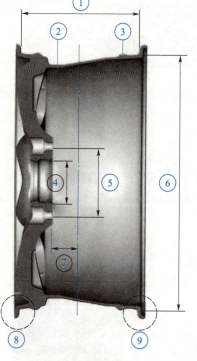

序号	说明
1	轮辋宽度
2	轮辋槽
3	凸峰
4	中心孔
5	螺栓孔分布圆直径
6	轮辋直径
7	车轮偏置距
8	外侧轮缘
9	内侧轮缘

红旗车轮辋标识 19×8J 中轮辋直径是多少?(请在正确的选项□内打√)
  □ 19 in①   □ 8 in   □ 19 mm   □ 8 mm

① 1 in=2.54 cm。

（5）您要升级轮胎还应了解轮胎升级的原则：我国轮胎升级必须遵从有关车辆的安全技术标准。升级之后的轮胎规格，整个直径与原先轮胎的"直径数据"之差必须控制在多少之内？（请在正确的选项□ 内打√）

　　□ 1%　　□ 10%　　□ 5%　　□ 3%

（6）安装和拆卸轮胎。

由于人们对审美以及行驶安全性、舒适性、经济性和运动性的要求越来越高，因此对车辆的车轮和轮胎组合提出了更高的要求。只有将轮胎正确地固定在轮辋上且不造成前期损坏时，轮胎才能满足这些要求。

① 拆卸轮胎：

准备工作：（请在对应□ 内打√）

□ 用气针或胎压表放气，通常用气针放气

□ 清除杂物和动平衡块等

□ 充分润滑胎圈和轮缘

观察两种气门嘴有何不同之处？

拆卸轮胎时的注意事项：（请在对应□ 内打√）

□ 如拆胎受阻，应立即停车，用脚面上抬转盘正、反转踏板，让转盘逆时针转动，消除障碍。

□ 在操作过程中，尽可能使手和身体其他部位远离动件，项链、手镯及宽松的服装对操作人员来说是危险的！

□ 将车轮锁在转盘上时要注意：轮辋正面朝上。

② 轮胎安装。

安装轮胎时必须用_____润滑轮胎和轮辋上的滑动区域，以使橡胶与金属之间的摩擦系数降至最低。安装和充气期间轮胎与_____之间较低的滑动摩擦，对胎圈在轮辋上正确就位有决定性作用。

为了在不损坏轮胎和轮辋的情况下将胎圈撬下，撬下部位对面处的胎圈必须至少位于凸峰下（见下图），最好仍位于轮辋槽内。这样才能保证金属丝芯及其周围的部分不会损坏。

③ 为轮胎充气。

是否一定要立即为安装好的轮胎充气？_____，原因：_____

（7）轮胎动平衡。

动平衡是指补偿因质量分布不均匀而在车轮和轮胎系统上产生的静态和动态作用

力。除了车轮上的质量分布外,主要还有径向摆动和径向力波动因素。这两个因素对车轮的运转平稳性影响较大。车轮运转平稳性不仅对磨损有影响,而且会因接触力变化而造成轮胎传输动力的能力显著降低。

① 动不平衡的具体危害是:(请在对应□内打√)

□ 动不平衡会加剧轮胎的磨损
□ 安全性、乘坐舒适性和抓地性能下降
□ 悬架和转向系统磨损加剧
□ 导致转向不灵敏
□ 导致制动距离变长

② 车辆在什么情况下需要做动平衡(请在对应□内打√)

□ 更换轮胎、轮毂、轮辋
□ 更换悬架后
□ 更换车桥后
□ 车辆出现抖动或转弯时方向盘震动
□ 车轮受到过大的撞击;由于颠簸等原因使得平衡块丢失
□ 补过轮胎后

③ 在带有平轮缘的轻合金车轮上,只能使用_____平衡块。使用粘接式重块时必须注意温度等级,因为_____。

④ 车轮动平衡检测报告。

内容	记录(是否完成/结果)
清除被测车轮上的泥土、石子	
清除旧平衡块	
检查轮胎气压,视必要充至规定值	检测值: 规定值:
检查轮辋有无变形	
检查轮胎有无损坏、裂纹	
选择锥体,仔细地装上车轮,用大螺距螺母上紧	
打开电源开关,检查指示与控制装置的面板是否指示正确	
测量并输入轮辋宽度 b,轮辋直径 d,轮辋边缘至机箱距离 a	$b=$ $d=$ $a=$
启动平衡测试,不平衡量	内侧: 外侧:

续表

内容	记录（是否完成/结果）
安装平衡块	
重新检测	内侧： 外侧：
是否需要调整	
测试结束，关闭电源开关	

经过与客户的交流及沟通、班组组长的进一步检测，确定可以升级轮胎，因为满足轮胎升级原则。客户决定将轮胎升级。

任务：查找资料和维修手册，做出将要进行的任务计划（包括流程、需要检测的项目、安全注意事项、工具）并实施。

技师签字：　　　　　　　　　　　　　　　　　　　年　　月　　日

2. 参考信息

我们先来看一下，车轮总成的组成。车轮总成包括轮胎和车轮（见图1-1）。轮胎的功用是支承整车质量，承受和传递载荷，和悬架一同缓和冲击、衰减振动，保证车轮和路面间良好的附着性；车轮的功用是安装轮胎，承受和传递轮胎与车桥间的各种载荷的作用。车轮的组成：轮毂（连接车轮和车轴）、轮辋（安装和固定轮胎）、轮辐（连接轮毂和轮辋）。

为了区分不同类型的轮胎和车轮，每种轮胎和车轮都有自己特有的标识：

（1）轮胎标识的含义（见图1-2）。

图1-1　车轮总成

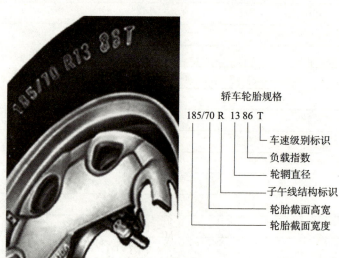

图1-2　轮胎标识

例如：195/60 R15 85 H。

195——名义断面宽度（195 mm）；60——扁平率（60%），即轮胎的名义高宽比为60%；R——子午线结构代码，表示该轮胎为子午线轮胎；15——表示适用轮辋直径（15 in）；85——载荷指数（最大载荷5.05 kN）；H——速度等级，最高行驶速度为210 km/h。

轮胎胎侧信息如图1-3所示。轮胎磨损指示如图1-4所示。

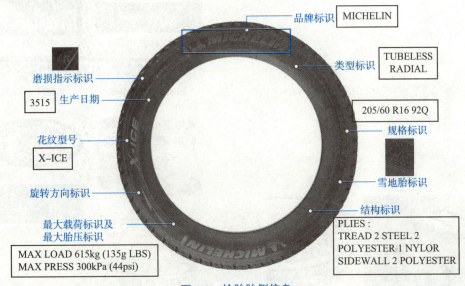

图1-3 轮胎胎侧信息

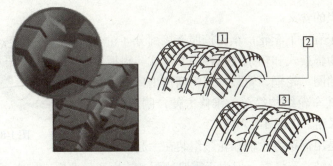

图1-4 轮胎磨损指示

生产日期标识：2013年第35周（见图1-5）。

图1-5 生产日期标识

3513：后两位表示生产年份，前两位表示第几周。2013年第35周生产，轮胎是有保质期的，放置越久，性能越差。

防滑轮胎标识如图 1-6 所示；常见轮胎品牌标识如图 1-7 所示。

图 1-6　防滑轮胎标识

图 1-7　常见轮胎品牌标识

（2）车轮标识的含义。

现在我们再来看一下车轮，车轮按照连接部分（轮辐）的构造可分为辐板式和辐条式两种主要形式。辐板式车轮，主要由挡圈、轮辋、轮毂、气门嘴伸出口、轮盘等组成。辐板式车轮结构简单，维修方便，刚度好，成本低，被广泛采用。如图 1-8 所示。

图 1-8　车轮

辐条式车轮是用辐条将轮辋和轮毂组装在一起，钢丝辐条式车轮质量轻、造型好，但由于需要装配，故生产效率低、成本高。一般在赛车及高档轿车上采用。

① 轮毂。

轮毂与制动毂、轮盘和半轴凸缘连接，由圆锥滚子轴承支承在转向节轴颈或半轴套管上。

② 轮辐。

辐板式车轮上的轮盘与轮辋通过焊接或铆接固定成一个整体，并通过轮盘上的中心孔和周围的螺栓孔安装在轮毂上。辐条式车轮上的轮辐是钢丝辐条或者是和轮毂铸成一体的铸造辐条。

③ 轮辋。

轮辋用于安装轮胎。路面上支承轮胎的所有行驶动力学作用力都通过轮辋传递到底盘上。

（3）国产汽车轮辋规格表示方法：

轮辋规格用轮辋名义宽度代号、轮辋高度代号、轮辋结构形式代号、轮辋名义直径代号和轮辋轮廓类型代号来共同表示，内容如下：

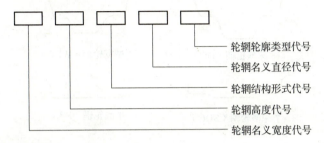

① 轮辋名义宽度代号。

用数字表示，一般取小数点后两位，单位以"in"表示（当新设计轮胎以"mm"表示直径时，轮辋直径用"mm"表示）。

② 轮辋高度代号。

用一个或几个字母表示，如 C、D、E、F、JJ、JK、L、V 等。

③ 轮辋结构形式代号。

用符号"×"表示一件式轮辋，符号"—"表示两件或两件以上的多件式轮辋。

④ 轮辋名义直径代号。

用数字表示，单位以 in 表示（当新设计轮胎以 mm 表示直径时，轮辋直径用 mm 表示）。

⑤ 轮辋轮廓类型代号。

用字母表示，如前所述的 DC、WDC、SDC、FB、WFB、TB、DT 七种。

对于不同形式的轮辋，上述代号不一定同时出现。例如：北京 BJ2020 型汽车轮辋规格为 4.50E×16，表示该轮辋名义宽度 4.5 in，名义直径 16 in，轮辋高度为 19.81 mm 的一件式深槽轮辋；上海桑塔纳轿车轮辋规格为 5.5J×13 表示该轮辋的名义宽度为 5.5 in，轮辋名义直径为 13 in，轮辋高度为 17.27 mm 的一件式轮辋；解放牌 CA1092 型汽车轮辋规格为 6.5—20，表示该轮辋的名义宽度为 6.5 in，轮辋名义直径为 20 in 的多件式轮辋。轮辋断面如图 1-9 所示。

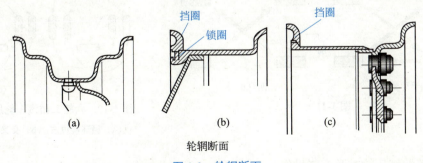

图 1-9 轮辋断面
(a) 深槽轮辋；(b) 平底轮辋；(c) 对开式轮辋

⑥轮辋轮廓类型代号（见图1-10）。用字母表示，DC表示深槽轮辋，WDC表示深槽宽轮辋，SDC表示半深槽宽轮辋，FB表示平底轮辋，WFB表示平底宽轮辋，TB表示全斜底轮辋，DT表示对开式轮辋。

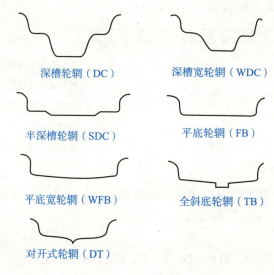

图1-10　轮辋轮廓类型代号

（4）轮胎和车轮的检查及保养。

车轮换位：

为使轮胎均匀磨损并延长其使用寿命，建议在每行驶0.8万~1万km后将轮胎换位一次。轮胎换位方法常用的有交叉换位法、循环换位法和单边换位法。

① 四轮二桥汽车轮胎换位法（红旗车见图1-11）。

按图1-11所示顺序进行轮胎换位。

② 六轮二桥汽车轮胎换位法（见图1-12）。

左右两交叉：主胎（后内）换前胎，前胎换帮胎（后外），帮胎换主胎。

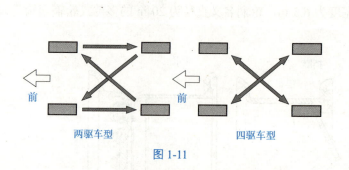

图1-11

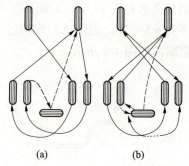

图1-12　六轮二桥汽车轮胎换位法

（a）循环换位法；(b)交叉换位法

（5）轮胎气压检查及充气操作。

检查轮胎（包括备胎）气压，并按标准（见图1-13）补足。

图 1-13 轮胎气压标识

注意：备胎气压应高于使用中轮胎的气压。

提示：厂家一般推荐至少每月或每次长途旅行前检查一次胎压，包括备胎。

轮胎气压检查：

轮胎气压可用胎压表进行检查。检查胎压时最好令轮胎处于冷却状态。一般前轮是 2.0 个大气压，后轮是 2.2 个大气压。

胎压表：胎压表有 3 个作用。首先可以放气，操作方法：将胎压表连到气门嘴上，按下充气手柄即可。其次可以测胎压，同样，将胎压表连到气门嘴上，但不要按下充气手柄。最后就是充气，同样，将胎压表连到气门嘴上，但同时要将气泵快接口连到气泵上，按下充气手柄即可充气（注意：在充气时一定要仔细观察胎压表读数的变化，充至标准压力即可）。

若胎压低于标准压力，尤其是刚充至标准气压不久，就应检查是否被扎、是否漏气（如气门嘴是否漏气），如发现损坏应立即修理。对于子午线胎，刺伤后若不及时修补，水气进入胎体锈蚀钢丝帘线，造成早期损坏。如有不正常磨损或起鼓、变形等现象，应查找原因，予以排除。

（6）改装轮胎的政策和要求。

欧洲轮胎轮辋协会（ETITO），对轮胎车轮升级的规定是：升级后直径变化，总直径加高不得超过 1.5%，降低不得超过 2%。

我国 GB/T 26278—2017《轮胎规格替换指南》规定，轮胎直径变化范围为原直径 ×（1±1.2%），宽度不大于原配轮胎的最大使用宽度。也可参考 GB/T 26278—2017《轮胎规格替换指南》附录轮胎替换规格，连续向上升级不超过 3 个系列。

① 轮胎升级的原则。

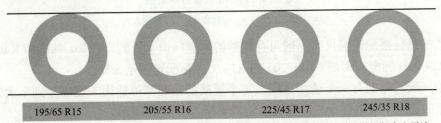

注意:加大轮辋后轮胎外径在允许范围内可以略小于原外径，避免转弯时轮胎和挡泥板产生干涉

轮胎升级必须遵从有关车辆的安全技术标准。升级之后的轮胎规格，整个直径与原先轮胎的"直径数据"之差必须控制在 3% 之内。

例如原轮胎规格为 195/65 R15：

原轮胎外径 $= 15 \times 25.4 + 195 \times 65\% \times 2 = 634.5$（mm）

如果升级为 205/55 R16 规格，则：

轮胎外径 =16×25.4+205×55%×2 = 631.9（mm）

和 195/65 R15 规格轮胎对比，634.5 mm 与 631.9 mm 的数值差距在 0.4% 左右，可以说是轮胎最正确的升级数字。

如果升级为 215/50 R16 规格，则：

轮胎外径 =16×25.4+215×50%×2=621.4（mm）

如果仅是想升级加宽台面，但是不想改变轮胎的扁平率，再试试 205/65 R15 规格的结果：

轮胎外径 =15×25.4+205×65%×2=647.5（mm）

上面两种规格的轮胎，即 215/50 R16，205/65 R15 与 195/65 R15 相比，差值已经达到 2%，基本还是在误差允许范围内，但是因为直径变化变大了，整个轮胎圆周也就变化变大了，因此速度码表就会变得不准，里程表也会跟着不准。

注意：观察变宽之后的轮胎胎面在方向盘打到极左或极右的死点时是否会接触到轮拱的内缘，如果情况非常严重，会导致定位偏离及轮胎异常磨耗的现象。

② 轮胎轮辋配合示意图。

轮胎变宽，轮辋相应也一定要变宽。图 1-14（a）和图 1-14（c）都是不合理的轮辋轮胎配合，甚至可以说是非常危险的。最佳配合方式如图 1-14（b）所示，轮胎的内侧壁在轮辋的轮唇两条延长线以内。只有在这种情况下轮胎轮辋搭配才是最为合理的，也只有这种情况才能发挥轮胎轮辋的最佳性能。

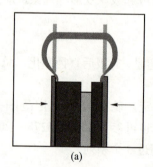

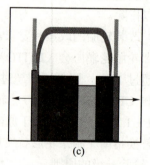

图 1-14 轮胎轮辋配合示意图

（a）轮辋太窄；(b) 轮辋合适；(c) 轮辋太大

轮胎的最佳搭配轮辋尺寸一般可在轮胎的侧壁标识上查到，比如：韩泰的 K402 系列：205/70 R14 95H 标配轮辋是 6.0J；205/75 R14 95H 标配轮辋是 5.5J。

轮胎一般对轮辋有一个适用范围，每个规格的轮胎都可适用于宽度差别不大的轮毂，这在轮胎的花纹手册中都会专门注明。轮辋规格如图 1-15 所示。

轮辋宽度适用基准：

最小宽度：轮胎断面宽度 ×0.7。

最大宽度：轮胎断面宽度 ×0.9。

需要注意的是，不同品牌的轮胎，即使牌号一样，标配的轮辋宽度也可能是不一样的：

例如，普利司通 RE950：

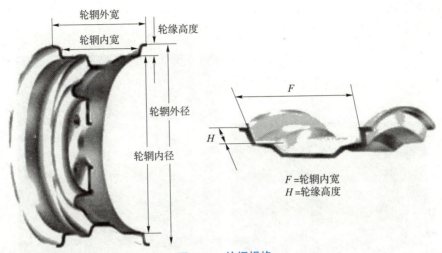

图 1-15　轮辋规格

205/40 R17 标配 7.5（7.0~8.0 可用）；
215/45 R17 标配 7.5（7.0~8.0 可用）。

17 in 的铝合金轮辋，尺寸有 17×7，17×7.5，17×8，17×8.5，17×9，甚至更大。

17×7 的轮辋就要选标配是 7.0 的轮胎，这样才是轮胎的最佳使用状态。欧洲车型的轮辋一般宽些，日系车要窄些。比如 17×7 就不会在原款德国车上见到。日系车也较难用到 17×8 的轮辋。

注意：轮辋轮胎的配合超出许可的范围，对车辆是极其危险的。

对升级改装来说，给升级后的轮辋选一条合适的轮胎非常重要。

等高原则规格转换口诀：加十（横截面宽度，下同）减五（宽度比，下同），口不变（轮胎内径，下同）；加二十减十，口不变；加十减十，口长一寸；加二十减二十，口长两寸。

（7）如何更换轮胎？

扒胎机是一种实现将汽车轮胎从轮毂上拆下、安装和充气的设备。它主要用于轮胎的修补、更换、安装等，是汽车修理厂、汽车轮胎店和汽车装胎厂等必备的设备。在国内，除称其为轮胎拆装机外还称之为扒胎机、拆胎机等。

现在轿车广泛使用低断面款截面轮胎，部分货车也使用无内胎轮胎，扒胎机的功用显得更为重要，且使用方便、价格较适宜，故被广泛采用。本小节重点介绍小型汽车轮胎扒胎机的结构及使用事项。

① 扒胎机的组成（见图 1-16）。

② 准备工作：松开并拆下气门芯放气（用气针（见图 1-17）或胎压表（见图 1-18）），通常用气针。清除杂物和动平衡块（见图 1-19）等。

③ 操作前调试。

踩下夹爪操作踏板，打开转盘上夹爪；踩回原位，转盘上夹爪闭合；踩下风压铲踏板，风压铲操作动作；松开后风压铲复位；踩下工作台操作踏板，转盘顺时针转动，上抬工作台操作踏板，转盘逆时针转动。

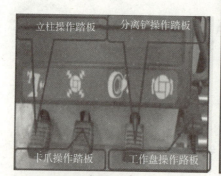

图 1-16 扒胎机的组成

图 1-17 气针

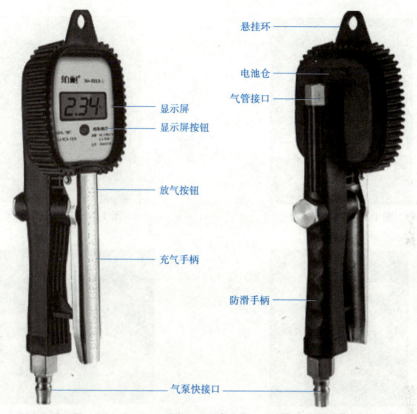

图 1-18 胎压表

图 1-19 平衡块

④ 拆除轮胎步骤。

将轮胎置于风压铲和橡胶板之间，使风压铲置于轮缘与轮胎之间，离轮缘大约 1 cm 处踩风压铲踏板，使轮缘与胎分离，如图 1-20 所示。

在轮胎其他部分重复以上操作，使轮缘与胎彻底脱离。

将轮辋固定在工作台上，注意：轮辋正面朝上（见图 1-21）。

将垂直轴（即立柱）置于工作位置，在轮缘涂少许润滑剂，使拆装机头靠近轮缘，避免划伤轮缘。

用撬棍将胎缘撬在拆装机头上（见图 1-22），踩工作台操作踏板，让转盘顺时针旋转，直到胎缘脱落为止，注意：如拆胎受阻，应立即停车，用脚面上抬工作台操作踏板，让转盘逆时针转动，消除障碍。

而后重复以上步骤，拆下另一胎缘（见图 1-23）。

图 1-20　风压铲位置

图 1-21　轮辋安装方向

图 1-22　拆装机头位置

图 1-23　拆下胎缘

注意：在操作过程中，尽可能使手和身体其他部位远离动件，项链、手镯及宽松的服装对操作人员来说是危险的。

⑤ 装胎操作。

注意：在安装轮胎之前，检查轮胎和轮辋尺寸是否相同。

将轮辋锁定在转盘上；将胎缘置于拆装机上，左端向上；用浓肥皂液润滑轮缘，用手按住轮胎，踩下工作台操作踏板，顺时针旋转转盘，让轮胎下缘落入轮辋内；重复以上步骤，同时，按下气动控制盒上的红色按钮，将轮胎压盘杆移至合适位置。将压胎杆（即专用压具见图 1-24）拉至合适位置，操作球形手柄，使压胎杆压至合适高度，安装轮胎的上缘。

注意：

在锁住过程中，不要把手放到胎和夹爪之间，避免造成人身伤害。

⑥ 轮胎充气。

给轮胎充气时一定要将轮胎从扒胎机上取下，再充气。要特别小心，集中精力，让手和身体尽量远离轮胎。

图 1-24　压胎杆位置

认真检查轮辋与轮胎是否为同一尺寸，并检查轮胎的磨损情况，确认轮胎在充气前没有损坏。

本机器配有带表充气枪，在给轮胎充气时应慢慢地压充气枪数次，确定压力表显示的值不超过生产厂家所注明的范围。

（8）改装后是否需要动平衡及如何做？

首先，答案是明确的，必须做动平衡。那么，车辆在什么情况需要做动平衡呢？

① 更换轮胎、轮毂、轮辋或是补过轮胎后；

② 车辆出现抖动或转弯时方向盘抖动；

③ 车轮受到过大的撞击；由于颠簸等原因使平衡块丢失。

不平衡的危害：

① 动不平衡会加剧轮胎的磨损；

② 安全性、乘坐舒适性和抓地性能下降；

③ 悬架和转向系统磨损加剧。

做动平衡前，先清除被测车轮上的泥土、石子；检查轮胎有无损坏、裂纹；检查轮辋有无变形；用如图 1-25 所示工具清除旧平衡块；检查轮胎气压，务必要充至规定值。

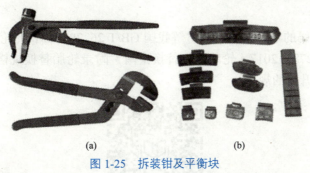

图 1-25　拆装钳及平衡块

（a）拆装钳；（b）平衡块

选择合适的定心锥，仔细装上车轮，踩住刹车，用快速紧固螺母拧紧；打开电源开关，选择平衡程序，用平衡机上的电子卡尺测量轮辋边缘至机箱距离，用角宽度卡尺（见图 1-26）测量轮辋宽度，在胎侧标识中找到轮辋直径，将各项数值输入指示与控制装置中去；检查指示与控制装置的面板是否指示正确。放下车轮防护罩，车轮旋转，平衡测试开始，自动采集数据；车轮自动停转后，从指示装置读取车轮内、外不平衡量和不平衡位置；抬起车轮防护罩，用手慢慢转动车轮，当绿色平衡位置的 LED 亮起时停止转动。踩住刹车，在车轮最上方（12 点钟方向），在轮辋的内侧或外侧加装指示装置显示的该侧平衡块质量。内、外侧要分别进行，平衡块装卡要牢固；安装平衡块后有可能产生新的不平衡，应重新进行平衡试验，直到不平衡量 ≤ 5 g。测试结束，关闭电源开关。

注意：

平衡机的主轴固定装置上装有精密的位移传感器和易碎的压电传感器，因此严禁冲击和敲打主轴；轮胎装夹必须牢固可靠，防止出现松动现象；另外，不平衡量过大的车轮旋转时的离心力可能损坏车轮动平衡机的传感系统，而且，超值的不平衡量可能溢出电算范围而使仪器自动拒绝工作。

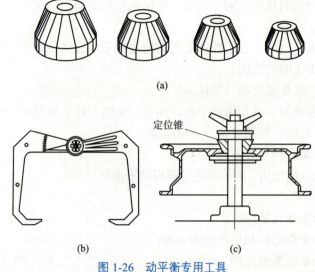

图 1-26 动平衡专用工具

（a）定位锥块；（b）轮辋宽度尺；（c）定位锥块安装

（三）任务拓展

通过下面二维码的学习，向客户讲解我国 GB/T 26278—2017《轮胎规格替换指南》，也可参考 GB/T 26278—2017《轮胎规格替换指南》附录轮胎替换规格。（放到拓展里面：二维码，讲解轮胎升级的规定）

三、参考书目

序列	书名，材料名称	说明
1	《汽车行驶与操纵系统检修（第二版）》，焦传君主编	北京理工大学出版社
2	车辆保养手册、车辆维修手册	依车型而定

学生笔记：

任务2　校准间接式或直接式胎压监测系统

一、任务信息

任务难度	中级		
学时	2学时	班级	
成绩		日期	
姓名		教师签名	
案例导入	一位客户向服务顾问抱怨，今天迈腾车仪表板上轮胎报警灯亮起，修理轮胎后不知道如何存储		
能力目标	知识	能够识读车辆维修手册并能够根据维修手册描述间接式或直接式胎压监测系统警报灯亮起的原因。 能够识读车辆维修手册，制订更换胎压监测系统传感器工作计划；能够描述间接式或直接式胎压监测系统校准流程。在这个客户委托中需要掌握如何排除胎压监测系统的警报灯亮起的问题	
	技能	能够依据设备的使用说明及注意事项进行更换胎压监测系统传感器。具体能力要求：胎压监测系统传感器的正确拆装，间接式或直接式胎压监测系统校准，车轮的检查，车轮的拆装，进行拆装轮胎，进行动平衡，举升设备使用，工具的正确使用，安全意识，制订和调整工作计划的能力	
	素养	1. 能够展示操作成果。 2. 能够与团队成员协作完成任务。 3. 能够对自主汽车品牌自信	

二、任务流程

（一）任务准备

课前预习内容，在更换胎压监测系统传感器前应先查看相关车型维修手册，明确更换胎压监测系统传感器的注意事项，胎压监测系统的类型，不同类型的胎压监测系统分别如何判断是哪个传感器（也就是车轮电子装置）损坏了。在进行校准间接式或直接式胎压监测系统前，应先明确在什么情况下需要校准。如何进行校准，请查看参考信息和下图二维码进行学习。

（二）任务实施

任务 2.1　更换胎压监测系统传感器

1. 工作表

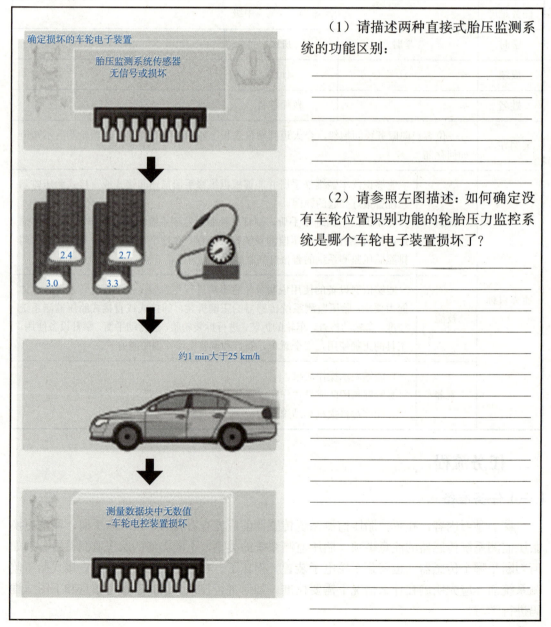

（1）请描述两种直接式胎压监测系统的功能区别：
_____
_____
_____
_____

（2）请参照左图描述：如何确定没有车轮位置识别功能的轮胎压力监控系统是哪个车轮电子装置损坏了？
_____
_____
_____
_____
_____
_____
_____
_____

（3）请通过扫描二维码课前预习和参考信息描述：如何确定具有车轮位置识别功能的轮胎压力监控系统是哪个车轮电子装置损坏了？

_____
_____
_____
_____
_____
_____
_____
_____
_____
_____
_____
_____

（4）什么情况下必须更换车轮电子装置？（请在正确的□内打√）

□ 电池无电；
□ 更换轮胎时；
□ 车轮电子装置损坏；
□ 气门嘴损坏。
□ 如果曾使用轮胎密封液，则建议更换车轮电子装置，因为密封液可能堵塞压力传感器的开口。

（5）请制订更换胎压监测系统传感器的工作计划：

_____
_____
_____
_____
_____
_____
_____
_____
_____
_____
_____

（6）根据所拆卸的轮胎选择正确的车轮电子装置，如下图所示的车轮电子装置应安装在_____车轮上。

（7）请描述更换胎压监测系统传感器的注意事项：（请在正确的□内打√）

□ 安装轮胎时，注意不要在气门嘴区域使用撬棍，以免损坏车轮传感器。

□ 在用扒胎机铲胎时，要避开气门嘴位置，以防伤到胎压监测系统传感器。

□ 气门嘴由涂有特殊防腐涂层的铝制成，用力过大会导致气门嘴折断。

□ 更换胎压监测系统传感器后，要根据汽车厂家提供的轮胎压力值进行充气，按要求检测是否漏气。

□ 更换胎压监测系统传感器后，还要做动平衡。

技师签字：　　　　　　　　　　　　　　　　　　　　　　年　　月　　日

2. 参考信息

（1）具有位置识别功能的胎压监测系统 RDK（各组成部件位置如图 1-27 所示）。

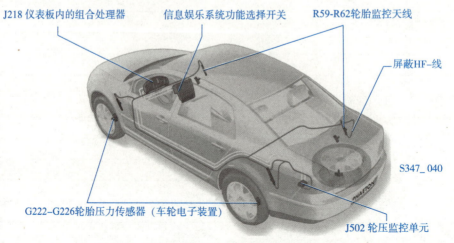

图 1-27　具有位置识别功能的胎压监测系统 RDK

系统能识别什么？辉腾和途锐汽车配备的具有车轮位置识别功能的轮胎压力监控系统有如下功能：① 显示轮胎压力和识别车轮位置（辉腾：通过信息娱乐系统；途锐：停车时通过舒适设定）。② 识别轮胎缓慢失压：可及时通知驾驶员检查轮胎压力，必要时校正压力。③ 识别轮胎突然失压：行驶中立即对驾驶员发出警告。④ 车辆停止时识别轮胎失压：打开点火开关后立即对驾驶员发出警告。

当发生下列情况时必须更换车轮电子装置：电池无电；车轮电子装置损坏；气门嘴损坏。

如果曾使用轮胎密封液，则建议更换车轮电子装置，因为密封液可能堵塞压力传感器的开口。

另外，只可使用认可的气门芯和原装气门嘴帽。不得用超声波清洗机清洗车轮，因为超声波可能会损坏车轮电子装置。

气门嘴由涂有特殊防腐涂层的铝制成，用力过大会导致气门嘴折断。如果气门嘴折断，则必须更换整个车轮电子装置。

（2）对于没有车轮位置识别功能的轮胎压力监控系统来说，车轮电子装置的信号由中央门锁和防盗警报装置天线进行中央接收，因而无法直接判断损坏的车轮电子装置的位置。

出现下列情况，表示某个车轮电子装置已损坏：显示器显示轮胎压力监控系统故障；从故障存储器中读出。

（3）胎压监测系统传感器的更换。

按照拆卸车轮的标准要求从汽车上拆下车轮并放气，用扒胎机扒掉轮胎，在用扒胎机铲胎时，要避开气门嘴位置，以防伤到胎压监测系统传感器。从轮辋上取下轮胎，拆下原车胎压监测系统传感器。根据所拆卸的车轮位置选择正确的传感器，将新的轮胎压力传感器自内侧经轮辋上的气门嘴开口插入到对应的轮胎气门嘴的位置，拧上螺母。安装轮胎时，注意不要在气门嘴区域使用撬棍（见图1-28），以免损坏车轮传感器。

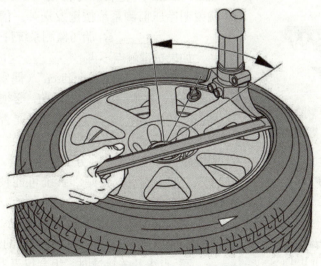

图1-28　不要在这个区域使用撬棍

根据汽车厂家提供的轮胎压力值进行充气，之后，做动平衡，按要求检测是否漏气。将做好动平衡的车轮装到车上。

（4）相关车辆维修手册。

任务 2.2　校准间接式胎压监测系统

1. 工作表

（1）如果故障存储器内存储了一个轮胎压力警报，且轮胎压力警报指示灯已亮起，应当检查_____是否损坏以及_____。如果故障已被排除，那么必须开始系统_____过程，这样轮胎压力警报指示灯才会熄灭。

轮胎压力警报的后面也可能还注有"sporadisch"（偶发）字样，如果出现这种情况，轮胎压力警报就会被记录下来，重新完成系统_____后，这个警报就被删除。轮胎压力警报灯就_____了。

但清除故障存储器内的记录之前，应检查轮胎_____和轮胎_____。

如果您对胎压监测系统进行了某种更改（例如系统校准），请务必告知用户。

（2）轮胎损坏或显示"轮胎压力过低"信息时，应首先采取什么措施？（请在正确的□内打√）

□ 按压轮胎压力监控按键，启动相应的校准或自学习过程。

□ 缓慢行驶，避免急转弯，在合适的地方停车并检查轮胎压力。

□ 通过"舒适设定"菜单关闭轮胎压力监控系统。

（3）如果故障存储器内记录了"Reifendruckwarnung：Taster defekt"（轮胎压力警报：按键损坏）这个故障，就说明胎压监测系统按键发送某一信号的时间超过了_____s，胎压监测系统灯会亮起。

如果按键触点不再_____，那么该警报的后面也可能还记录有"sporadisch"（偶发）字样，对于这两种情况，在清除故障存储器前，必须检查按键（例如，是否_____或_____）及系统是否有_____。

每次更改_____、更换_____以及完成底盘修理工作后，务必按压该键，重新对系统进行_____；否则，系统可能使用_____的数据来工作。

（4）如何能判定车上安装的是没有车轮位置识别功能的胎压监测系统？（请在正确的□内打√）

□ 点火开关接通时，组合仪表上的轮胎压力监控警报灯亮两秒种。

　　□ 车轮上没有安装橡胶气门嘴。
　　□ 随车工具中没有千斤顶。

（5）每次更改＿＿＿＿＿＿，修理底盘及更换＿＿＿＿＿＿后，因轮胎特性发生变换，故必须进行＿＿＿＿＿＿，以便确定新的基准值。启动校准过程：按住胎压监测系统按键＿＿＿s即可启动校准过程。
　　组合仪表上的警报灯将亮起约＿＿＿＿s，并发出＿＿＿＿＿＿。

正常行驶过程中，胎压监测系统按照驾驶员给轮胎充的和所安装的＿＿＿＿＿＿＿进行校准。

校准过程中，系统逐步将数据传输给胎压监测系统。数分钟后，系统就可以以刚刚"学习"到的车速和行驶状况进行大致的监控。

（6）更换配备没有车轮位置识别功能的胎压监测系统汽车的车轮时，为使系统能学习新安装的车轮电子装置，应注意哪些事项？（请在正确的□内打√）
　　□ 车辆必须停3分钟。
　　□ 车辆必须停20分钟。
　　□ 车辆必须立即以高于25km/h的速度行驶。

（7）何时必须按压胎压监测系统按键？（请在正确的□内打√）
　　□ 将一个轮胎充气至正确压力后。
　　□ 将二个以上轮胎充气至正确压力后。
　　□ 每次更换轮胎后。
　　□ 完成底盘维修工作后。

（8）按键的使用方法：
　　将按键按住＿＿＿＿s，胎压监测系统警报灯亮＿＿＿＿＿＿s，系统发出＿＿＿＿＿＿＿，开始进行系统校准。

（9）哪种系统在车轮罩（车轮拱形板）上没有天线？（请在正确的□内打√）
　　□ 有车轮位置识别功能的轮胎压力监控系统；车轮电子装置与轮胎压力监控控制单元通过导线相联。
　　□ 轮胎监控显示系统；该系统的功能通过ABS-控制单元内的一个软件模块实现，不需要天线。
　　□ 没有车轮位置识别功能的轮胎压力监控系统；车轮电子装置的信号由中央门锁和防盗警报装置天线接收并继续传送。

技师签字：　　　　　　　　　　　　　　　　　　　年　　月　　日

2. 参考信息

（1）间接式胎压监测系统RKA的组成及功能。

胎压监测系统是ABS-控制单元J104中的一个软件模块，它没有自己的诊断地址。胎压监测系统能识别某个轮胎的缓慢失压,该系统是高尔夫、帕萨特和 Polo 车的选装装备。间接式胎压监测系统 PKA 的组成及功能如图 1-29 所示。

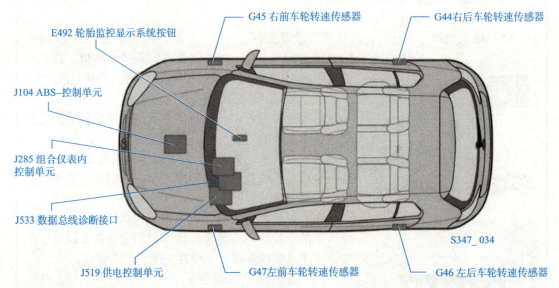

如果车上装备有自撑式轮胎,那么就肯定装有胎压检测系统。因为即使自撑式轮胎的压力下降很多,驾驶员几乎感觉不到这种变化,所以必须要有胎压检测系统。

图 1-29 间接式胎压监测系统 RKA 的组成

原理:间接式胎压监测系统利用防抱死制动系统 ABS 的数据确定轮胎的滚动周长,并将滚动周长与基准值进行对比。根据滚动周长的微小变化即可识别轮胎是否失压。基准值是系统在自学习过程(即校准过程)中根据实际行驶数据计算出来的。如果胎压监测系统探测到手制动器或电动机械式驻车制动器的信号,那么胎压监测系统会在信号持续期间自动关闭。胎压监测系统不监控备用车轮、应急车轮和挂车。更换车轮后必须校准胎压监测系统。

(2)校准操作。

当探明轮胎失压时,组合仪表上的轮胎压力警报灯点亮(见图 1-30),并可听到一声锣声。系统被重新校准前,该警报灯一直亮着。未重新校准系统前,每次起动车辆时都会听到。

(3)间接式胎压报警系统警报灯的指示状态(见表 2-1)。

图 1-30 轮胎压力警报灯

表 2-1 间接式胎压报警系统警报灯的指示状态

状态	视觉信号	声响信号
系统发出轮胎压力警告	直到轮胎压力匹配后进行系统再校准为止	每次打开点火开关后发出一声锣声

续表

状态	视觉信号	声响信号
存在轮胎压力警报时点火开关打开	直到轮胎压力匹配后进行系统再校准为止	每次打开点火开关后发出一声锣声
系统存在故障	直至系统故障被排除。无法通过操纵该按键来执行重新校准过程	无

（4）哪些情况下会出现胎压报警？

① 轮胎的气压降低到系统能够识别时；

② 超载时；

③ 当轮胎磨损到一定程度时；

④ 当在轮胎上装上一些能影响轮胎大小的东西时（例如防滑铁链等）；

⑤ 换备胎时（备胎和原胎尺寸稍有点不同时）；

⑥ 换新轮胎时；

⑦ 走泥巴路时也可能会报警。

（5）按键的使用方法：

将按键按住 2 s；胎压报警系统警报灯亮 2 s；系统发出一声锣声；开始进行系统校准；松开按键，如图 1-31 所示。每次更改充气压力，修理底盘及更换轮胎后，因轮胎特性发生变换，故必须进行系统校准，以便确定新的基准值。启动校准过程：按住胎压监测系统按键 2 s 即可启动校准过程（见图 1-32）。组合仪表上的警报灯将亮约 2 s，并发出一声锣声。正常行驶过程中，胎压监测系统按照驾驶员给轮胎充的气压和所安装的轮胎进行校准。校准过程中，系统逐步将数据传输给胎压监测系统。数分钟后，系统就可以刚刚"学习"到的车速和行驶状况进行大致的监控。

图 1-31　轮胎压力校准按键

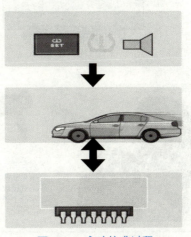

图 1-32　启动校准过程

（2）相关车辆维修手册。

任务 2.3　校准直接式胎压监测系统

1. 工作表

（1）请参照下图描述没有车轮位置识别功能的胎压监测系统更换车轮后，怎样才能完成车轮电子装置的自学习过程（即校准过程）？

_____
_____
_____
_____
_____
_____
_____
_____
_____
_____
_____
_____
_____
_____
_____
_____
_____
_____
_____
_____
_____
_____

(2) 车轮电控装置的结构：车轮电子装置用螺钉拧在_____上，更换车轮或轮辋后_____使用。在车轮电控装置中集成有以下元件：① _____，② _____，③ _____，④ _____。

（3）1）具有车轮位置识别功能的胎压监测系统，不论对轮胎做了哪些更改（对轮胎所做的更改包括）：（请在正确的□内打√）
□ 将轮胎压力从部分载荷更改为满载。
□ 给车轮做过动平衡之后。
□ 将其他车轮的传感器安装在本车的一个或所有车轮上（例如，冬季车轮或更换损坏的车轮）。

2）更改后必须启动系统自学习过程，自学习过程包括：（请在正确的□内打√）
□ 测定轮胎压力实际值；
□ 将轮胎压力的实际值接受为轮胎压力规定值；
□ 检查一下以前安装的轮胎压力传感器是否还装在车上。如果已更换，那么对新传感器进行自学习；
□ 检查传感器位置是否发生变化。如已变化，存储新位置。
□ 按压按键

（4）具有车轮位置识别功能的胎压监测系统如胎压监测系统功能完全正常且无警报信息，组合仪表上_____显示轮胎压力监控符号。

当轮胎压力下降 0.3~0.4 bar 时，就会显示一轻微失压警报符号（下图中_____所示），同时还伴有一个持续 5 s 的警报音，5 s 后_____就会消失。但仍保留_____符号，且以后每次打开点火开关时都如此。直到轮胎充气至正常压力。

轮胎压力下降值大于 0.4 bar 或以每分钟至少 0.2 bar 的速度快速失压时，就会发出图_____所示信息。发生这种情况时即使按压按键该警报也不会消失。

点火过程中若轮胎发生漏气故障，那么在打开点火开关时就会显示图_____所示信息。随后 5~7 min，系统会检查轮胎压力是否又恢复正常。如果轮胎压力恢复正常，那么符号_____。

如果系统正在自学习，则将显示图_____所示信息，此时，胎压监测系统不能正常工作。大符号____s 后消失，但仍保留小标识符号，直到_____结束。"系统故障"及"系统关闭"状态也由与此相同的符号指示。

(a)　　　　　(b)　　　　　(c)

（5）胎压监测系统传感器即车轮电控装置可传送下列信息：（请在正确的□内打√）。

□ 轮胎压力。

□ 车轮线速度。

□ 轮胎内空气温度。

□ 车轮加速度。

（6）具有位置识别功能胎压监测系统 RDK 的具体功能是：（请在正确的□内打√）

□ 系统通过安装在轮胎内的发射器直接检测每个轮胎的气压和温度数据。

□ 数据传输至接收机，接收机经过分析显示出每个轮胎压力和温度数据。

□ 系统通过不断分析连续数据来发现异常状况，并针对不同的异常状况通过显示器向驾驶员发出各类声光警报。

□ 当轮胎出现如漏气等故障时会发出声音报警并且迅速指出故障轮胎位置，以便维修。

技师签字：　　　　　　　　　　　　　　　　　　　　年　　月　　日

2. 参考信息

直接式胎压报警系统（RDK）分为具有车轮位置识别功能的胎压报警系统（RDK）和没有车轮位置识别功能的胎压报警系统（RDK）。

（1）具有车轮位置识别功能的胎压监测系统（见图1-33）

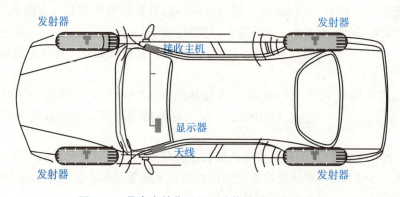

图 1-33　具有车轮位置识别功能的胎压监测系统

车辆行驶过程中，具有车轮位置识别功能的胎压监测系统持续监测轮胎压力。即使车辆已停住，短时间内轮胎压力仍然处于被监控中。安装在轮胎上的胎压传感器测量轮胎的温度和轮胎的压力，测得的数据被定期从车轮电子装置发送到车轮罩（车轮拱形板）内的天线上。天线通过屏蔽HF-线（高频线）与轮胎监控控制单元相联，该控制单元将分析这些数据并通过一条CAN-数据总线将数据传送到组合仪表内的控制单元（辉腾汽车，还要送到信息娱乐系统）

具体功能如下：

① 系统通过安装在轮胎内的发射器直接检测每个轮胎的气压和温度数据；

② 数据传输至接收机，接收机经过分析显示出每个轮胎压力和温度数据；

③ 系统通过不断分析连续数据来发现异常状况，并针对不同的异常状况通过显示器向驾驶员发出各类声光警报。

④ 当轮胎出现如漏气等故障时会发出声音报警并且迅速指出故障轮胎位置，以便维修。

车轮电子装置的结构：车轮电子装置用螺钉拧在金属气门嘴上，更换车轮或轮辋后仍可再次使用，如图 1-34 所示。在车轮电子装置中集成有下述元件：发射天线、一个压力/温度传感器、测量和控制电子装置、电池。

图 1-34　车轮电子装置

发射器安装于轮胎内，将收集到的轮胎信息发送到接收机并且在显示器上进行显示

配备的具有车轮位置识别功能的胎压监测系统有如下功能：① 显示轮胎压力和识别车轮位置。② 识别轮胎缓慢失压：可及时通知驾驶员检查轮胎压力，必要时校正压力。③ 识别轮胎突然失压：行驶中立即对驾驶员发出警告。④ 车辆停止时识别轮胎失压：打开点火开关后立即对驾驶员发出警告。

更换车轮时后系统必须进行自学习识别新车轮电子装置。行驶中按压按键即可开始自学习过程，此时车速不能低于 25 km/h。应急轮胎和挂车不受监控。

功能要求：

为使胎压监测系统顺利地进行工作，需满足下述条件：① 驾驶员必须将轮胎充气至正确压力状态，还要注意满载和部分载荷时轮胎的不同压力。② 不可有外界无线电干扰源干扰传感器与天线之间的无线通信。③ 车轮电子装置中的电池不可无电，电池的寿命约为 10 年。

系统自学习过程：

不论对轮胎做了哪些更改，更改后必须启动系统自学习过程。对轮胎所做的更改包括：将轮胎压力从部分载荷更改为满载；将其他车轮的传感器安装在本车的一个或所有车轮上（例如，冬季车轮或更换损坏的车轮）。

如果所安装的车轮上没有传感器，那么应当关闭胎压监测系统。

只有当车速高于 25 km/h 时才可启动自学习过程。自学过程会持续 7~10 min。自学习结束后，组合仪表上的标识就会消失。

自学习过程包括：

测定轮胎压力实际值；将轮胎压力的实际值接收为轮胎压力规定值；检查一下以前安装的轮胎压力传感器是否还装在车上。如果已更换，那么对新传感器进行自学习；检查传感器位置是否发生变化。如已变化，存储新位置。

（2）不具有位置识别功能的胎压监测系统（见图1-35）。

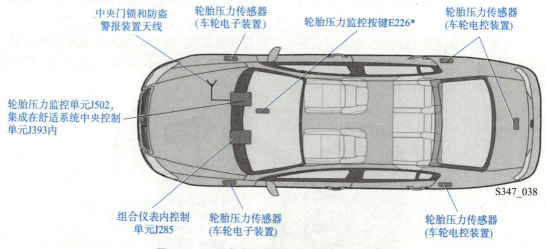

图1-35 不具有位置识别功能的胎压监测系统

在帕萨特汽车配备的没有车轮位置识别功能的胎压监测系统上，每个车轮都装有车轮电子装置。车轮电子装置以一定的时间间隔传送数据。数据由中央门锁和防盗警报装置天线接收并传送到轮胎压力监控单元J502。在舒适系统中央控制单元内轮胎压力监控单元有其自己的诊断地址。

车辆出厂时控制单元内已存储了轮胎规定压力值（监控气压值），规定压力值适用于装有本公司认可轮胎的车轮，轮胎规定压力值标注在油箱盖上，部分负载和满载时的轮胎规定压力值已预先设定，无法更改。

驾驶员可通过位于副仪表上的按键在部门负载和满载之间切换，查询状态以及接通或关闭胎压监测系统。

没有车轮位置识别功能的胎压监测系统与带有车轮位置识别功能的胎压监测系统相比，车轮电子装置的结构有所不同，前者包括下述元件：压力传感器、温度传感器、加速度传感器、电池、测量和控制电子装置、发射天线。

信号发射时间间隔：

车辆停止或车速低于25 km/h时，不发送数据，除非车轮电子装置识别出轮胎压力快速变化（大于0.2 bar/min）。

车速高于25 km/h时的信号发射时间间隔：最初30个数据每15 s发送一次，随后的数据每60 s发送一次。在快速发射模式下（如失压>0.2 bar/min），每15 s发送一次。

没有车轮位置识别功能的胎压监测系统的车轮电子装置（也就是轮胎压力传感器）没有自己的地址码，因为其存储器不能单独VAS5051/VAS5052读取。

更换车轮：

更换车轮后，只要车速高于25 km/h，新车轮上的电子装置即传送数据。控制单元自动识别并读取新车轮电子装置识别码。同时，与车速一起检查加速度数据。该过程约需7 min。

自动启动车轮电子装置学习前必须将轮胎压力监控单元转换到学习状态，为此车辆必须停 20 min，识别某个轮胎损坏后，约需 5 min，如图 1-36 所示。

图 1-36　更换轮胎后自动启动自学习过程

如果没有遵守上述停车时间，也就是说控制单元未能进入学习准备状态，那么系统就识别为无线电干扰，停车 20 min 后才能启动学习车轮电子装置过程。

（2）相关车辆维修手册。

三、参考书目

序列	书名，材料名称	说明
1	《汽车行驶与操纵系统检修（第二版）》，焦传君主编	北京理工大学出版社
2	车辆保养手册、车辆维修手册	依车型而定

学生笔记：

任务3 升级胎压控制系统

一、任务信息

任务难度	高级		
学时	2学时	班级	
成绩		日期	
姓名		教师签名	
案例导入	来4S店换轮胎的客户李先生向服务顾问抱怨，自己的车因为没有胎压监测系统，所以右后轮扎了个钉子，没有及时发现，导致轮胎磨损严重，只能更换。幸运的是，没有高速行驶，否则，会非常危险。李先生想要在自己的车上升级胎压监测系统，哪种胎压监测系统更好一些？		
能力目标	知识	能够识读车辆维修手册并能够根据维修手册描述间接式和直接式胎压监测系统的工作原理。 能够识读车辆维修手册描述间接式和直接式胎压监测系统的优缺点，能够利用网络等查阅资料制订安装胎压监测系统的工作计划；在这个客户委托中需要掌握间接式和直接式胎压监测系统的区别以及如何加装胎压监测系统的问题	
	技能	能够依据设备的使用说明及注意事项进行加装胎压监测系统。具体能力要求：胎压监测系统的正确安装、间接式或直接式胎压监测系统校准、车轮的检查、车轮的拆装、轮胎的拆装、进行动平衡、举升设备的使用、工具的正确使用、安全意识、制订和调整工作计划的能力	
	素养	（对内）能够展示操作成果。 （对外）能够与团队成员协作完成任务。 （思政）能够对自主汽车品牌自信	

二、任务流程

（一）任务准备

课前预习内容，在升级胎压监测系统前应先明确各类胎压监测系统的优缺点以及加装不同类型的胎压监测系统操作步骤。请查看参考信息和下图二维码进行学习。

（二）任务实施

任务 3.1 升级为直接式胎压监测系统

1. 工作表

（1）直接式胎压报警系统和间接式胎压报警系统的区别：
_____
_____
_____
_____
_____
_____
_____
_____

（2）请制订内置式胎压监测系统传感器的安装计划及注意事项：
_____
_____
_____
_____
_____
_____
_____

（3）内置式胎压监测系统的传感器安装在_____上。

内置式有何优缺点：（请在优点对应□内打√）

□ 安装后要做车轮动平衡，需要到轮胎店或修理厂进行作业。

□ 外置胎压监测系统只要将传感器替换到轮胎的气门嘴上即可。步骤简单，可自行操作。

□ 内置的传感器电池使用寿命较长，普遍达到 5-8 年，不过更换电池工序麻烦。

□ 内置式比外置式的价格要高，除了传感器和显示模块价格高外，安装及更换成本也高。

□ 内置的传感器位于轮胎的内部，受外部温度及道路环境影响比较小，再加上使用寿命长，不需要频繁拆卸，所以稳定性较好。
　　□ 外置胎压监测产品的误差略高 0.1-0.2bar，在响应速度上也会有所延迟。
　（4）外置式胎压监测系统的传感器安装在_____上。
　外置式有何优缺点：（请在优点对应□内打√）
　　□ 外置胎压监测系统只要将传感器替换到轮胎的气门嘴上即可。步骤简单，可自行操作。
　　□ 外置的传感器电池只能维持 1-3 年的使用寿命。
　　□ 外置的传感器电池拆卸简单，更换电池方便快捷。
　　□ 外置胎压监测产品的误差略高 0.1-0.2bar，在响应速度上也会有所延迟。
　　□ 因为暴露在外面，受温度及道路状况的影响比较大，精确性及稳定性不如内置的好。
　（5）请描述安装外置式胎压监测系统的步骤及注意事项：
_____
_____
_____
_____
_____
_____
_____

技师签字：　　　　　　　　　　　　　　　年　　月　　日

2. 参考信息

　　有不少车型没有安装胎压监测系统，后期是可以加装的，能提高行车安全。数据表明，在日常行车中，由爆胎引起的车祸在恶性交通事故中所占的比例非常高，而所有会造成爆胎的因素中胎压不足当为首要原因，要提高对车辆轮胎的重视，避免人和车发生严重的损伤。

　　胎压监测系统其实有两种：一种是直接式胎压监测系统；另一种是间接式胎压监测系统。直接式胎压监测系统可以直接显示每一个车轮的轮胎压力，当某一个轮胎发生故障时驾驶员能看到是哪个轮胎发生了故障，也能直接看到故障的严重程度。只要任何一个轮胎胎压低于标准胎压 25% 以上时，该系统便会发出警示信息及声音警示驾驶员；而间接式胎压监测系统只能在轮胎发生故障之后告诉驾驶员轮胎有故障，但不能显示故障车轮和严重程度。很显然，直接式胎压监测系统要比间接式胎压监测系统更高级，但是却有很多车型安装了间接式胎压监测系统，比如大众、丰田、日产，还有宝马、奔驰等车型。这究竟是为什么呢？

　　原因很简单，间接式胎压监测系统基本不用增加汽车上的硬件，只要修改一下软件就可以了。由于它使用的是原车的系统，因此极为安全可靠，准确度也比较高，虽然不能具体指示出哪一只轮胎胎压异常，但是对我们日常行车来说也够用了。正因为如此，才有很多车型为了降低成本，使用了这种间接式胎压监测系统。

如果你的车原本就不带胎压监测,要加装的话首推直接式的胎压监测,这样可以一步到位。

轮胎作为汽车直接接触地面的部件,承受着汽车行驶作用力和制动力等,直接式胎压监测系统不仅能够作为主动安全系统,避免因轮胎压力过高或过低而产生爆胎事故,而且还可延长轮胎使用寿命、保持车辆燃油经济性以及减少悬架系统的磨损。

加装的直接式胎压监测系统按安装位置不同分内置式(见图1-37)和外置式(见图1-38)两种。无论是内置式还是外置式在功能和品质方面都是可以满足使用要求的。

图1-37 内置式

图1-38 外置式

内置式胎压监测系统将传感器安装在轮辋上(见图1-39),安装后要做车轮动平衡,需要到轮胎店或修理厂进行作业;外置式胎压监测系统只要将传感器替换到轮胎的气门嘴上即可(见图1-39),步骤简单,可自行操作。

内置的传感器电池使用寿命较长,普遍达到5~8年,不过更换电池工序麻烦;外置的传感器电池只能维持1~3年的使用寿命,但拆卸简单,更换电池方便快捷。

内置式比外置式的价格要高,除了传感器和显示模块价格高外,安装及更换成本也高。

内置的传感器位于轮胎的内部,受外部温度及道路环境影响比较小,再加上使用寿命长,不需要频繁拆卸,所以稳定性较好;外置的监测方式需要在充气和更换电池时频繁拆卸,又因为暴露在外面,受温度及道路状况的影响比较大,所以精确性及稳定性不如内置的好。外置胎压监测产品的误差略高0.1~0.2 bar,在响应速度上也会有所延迟。

(1)内置式胎压监测系统。

拆开包装盒,我们可以看到(见图1-40)4个传感器、一个显示屏、一张安装服务卡片、螺丝刀、说明书、标签、点烟器充电线,首先将准备好的标签贴到一一对应的轮胎上面去,避免安装的时候出现错误。安装的时候,要特别注意气嘴和轮胎的对应关系,因为传感器和显示器接收的信号是特定的,如果你把右后轮的传感器安装到右前轮上,那么显示屏上右后轮的位置显示的就是右前轮的胎压,会引起不必要的麻烦,所以千万不要弄错了。

图1-39 胎压监测系统安装位置

图1-40 内置式胎压监测系统

贴完标签之后拆下4个车轮，再进行扒胎。扒开轮胎后，按传感器上的标识（见图1-41）所示依次把传感器安装到对应的车轮上（见图1-42），注意，不要用力太大，太紧的话会损害传感器，4个传感器安装好了之后，依次把对应的轮胎装好。

图1-41 胎压监测传感器

图1-42 装在车轮上的传感器

之后，进行关键的一步——充气（见图1-43），充气到标准值就可以了，稍后再做调整。

已经装好了3个轮胎的传感器，可以接收到的数据（见图1-44），只有一个轮胎达到了标准2.4。剩余没有达标的轮胎气压用胎压表进行微调，胎压高了就放气，胎压低了就充气，到达2.4的标准胎压。胎压达标后（见图1-45），下一步是做动平衡。最后将做好动平衡的车轮装到车上（见图1-46）。每个车轮贴上对应的警示标识（见图1-47），避免以后更换轮胎时损坏胎压传感器。

图1-43 充气

图1-44 显示屏（刚接收到的数据）

图1-45 显示屏（胎压达标后）

图1-46 车轮安装

另外，显示屏通常是太阳能充电的，所以不需要更换电池，但是传感器是需要电池的，所以当传感器没电需要更换电池的时候，以上的步骤就要重复一遍，不过这个电池的使用寿命与轮胎接近，建议和轮胎一起换。

（2）外置式胎压监测系统。

第一，选择一款合适的外置式胎压监测系统很重要，首先要看传感器的安装是否简单，有的自己动手即可安装上去；其次有些DIY胎压监测产品的显示屏功能

图1-47　警示标识

只能显示一个胎压值，并不适用，不能实时监测；最后大多DIY简易胎压监测器其传感器在使用4~6年后即要更换，因为其电池不可更换，也就是说当电池使用完后，传感器也必须跟着换，很不划算。

第二，如何安装？

1）旋出气门嘴防尘盖。（见图1-48）

② 旋进六角螺母。（见图1-49）

图1-48　旋出气门嘴防尘盖

图1-49　旋进六角螺母

③ 套入防拆垫片，在识别传感器外壳的位置标识后旋入对应车轮并拧紧。（见图1-50）

④ 拧上传感器。（见图1-51）

图1-50　套入防拆垫片

图1-51　拧上传感器

注意：要按照传感器上的标识位置安装，不要装错。无论内置式还是外置式胎压监测系统，由于是无线传输，容易受到其他信号的干扰。有一个案例就是胎压监测系统在做原始设定（也就是自学习过程）时，把旁边汽车的胎压学习进去了，结果胎压总是报警却找

不到故障点。所以，在做原始设定时，要避开干扰源。

任务 3.2　升级为间接式胎压监测系统

1. 工作表

（1）间接式胎压报警系统的优缺点：（请在优点对应□内打√）
　　□ 间接式胎压监测系统与直接式胎压监测系统相比要简单得多。
　　□ 它没有复杂的压力传感器，也就省去了换电池的麻烦。
　　□ 没有无线发射装置；也没有显示屏，也就省去了外加显示屏影响美观的问题。
　　□ 它事实上在汽车上没有增加任何硬件装置，只是修改了一下系统软件，将汽车的轮速信息以一定的方式显示在仪表盘上，所以它的成本是极低的。
　　□ 省去了内置直接式胎压监测系统安装的麻烦，以及不正规的安装对轮胎的影响。
　　□ 也省去了外置直接式胎压监测系统容易丢失的问题。
　　□ 间接式胎压监测系统只能在轮胎发生故障之后告诉司机轮胎有故障，但不能显示故障车轮和严重程度。

（2）间接式胎压报警系统的工作原理：
_____
_____
_____
_____
_____
_____
_____

（3）间接式胎压监测系统在什么情况下会点亮仪表盘上的胎压警报灯？（请在对应□内打√）
　　□ 当其中一只轮胎胎压较低时
　　□ 当所有轮胎胎压较低时
　　□ 当系统判定四个车轮气压不一致的时候

（4）间接式胎压监测系统的开通方法：（请在对应□内打√）
　　□ 直接进 ABS 模块，然后长编码，先把原来的长编码复制出来备份，然后直接改后六位为 3F0C00，执行。
- □ 进仪表模块，进去后复制长编码备份，直接改后两位为 01，执行。
- □ 再就是进网关，进入选择界面，找到 4c 打勾，自动保存。
- □ 改完后，插钥匙，自检时可看到胎压警报灯亮起。
- □ 进行车电脑设置，里面多了个胎压选项。
- □ 进去后可以看到的内容。

调整胎压后问是否符合胎压要求，并存储。
- □ 将准备好的标签贴到——对应的轮胎上面去，避免安装的时候出现错误。安装的时候，要特别注意气嘴和轮胎的对应关系。
- □ 存储胎压。

技师签字：　　　　　　　　　　　　　　　　　　　　　　年　　月　　日

2. 参考信息

间接式胎压监测系统与直接式胎压监测系统相比要简单得多，它没有复杂的压力传感器，也就省去了换电池的麻烦；没有无线发射装置；也没有显示屏，也就省去了外加显示屏影响美观的问题。它的工作原理是利用汽车 ABS 系统上的轮速传感器（见图 1-52）来比较四只轮胎的转动次数。如果其中一只轮胎胎压较低，这只轮胎的滚动半径将变小，其转速就会比其他车轮快。通过比较四个轮胎之间的转速差，系统就可以判定轮胎的压力是否正常。当系统判定四个车轮气压不一致的时候，会点亮仪表盘上的胎压警报灯（见图 1-53），并发出一定的声音警示驾驶员。它事实上在汽车上没有增加任何硬件装置，只是修改了一下系统软件，将汽车的轮速信息以一定的方式显示在仪表盘上，所以它的成本是极低的。而且，省去了内置直接式胎压监测系统安装的麻烦，以及不正规的安装对轮胎的影响；同时，也省去了外置直接式胎压监测系统容易丢失的问题。

图 1-52　轮速传感器

间接式胎压监测系统的开通方法：

① 直接进 ABS 模块，长编码，先把原来的长编码复制出来备份，然后直接改后六位为 3F0C00，执行。

图 1-53 胎压警报灯

② 进仪表模块，进去后复制长编码备份，直接改后两位为 01，执行。
③ 再就是进网关，进入选择界面，找到 4c 打钩，自动保存。
④ 改完后，插钥匙，自检时可看到胎压警报灯亮起。(见图 1-54)

图 1-54 目检过程的仪表板

⑤ 进行车电脑设置，里面多了个胎压选项。(见图 1-55)

图 1-55 行车电脑设置

⑥ 进去后可以看到的内容。如图 1-56 所示。
⑦ 调整胎压后问是否符合胎压要求，并存储。(见图 1-57)
⑧ 存储胎压。(见图 1-58)

当胎压出现报警，应该及时检查胎压，往往是车轮扎个钉子，补完胎后把所有车轮充至正常胎压，之后复位，复位就是进仪表，然后重新储存一下胎压即可，报警标识就会消失。

图 1-56　进胎压选项可以看到的内容

图 1-57　调胎压

图 1-58　存储胎压

间接式胎压监测装置不是直接获取胎压信号。没有独立的系统，而是嫁接在 ABS 系统的轮速传感器的数据之上，因为当四个轮胎的胎压相差不大的时候，四轮的转速理论上也是基本相同的，如果其中有一个轮子的转速明显低于或高于其他三个轮子，那么就说明这个轮子的胎压出了问题，电脑就会报警。

间接式的胎压监测其实算是一个拓展功能，是在原车 ABS 系统上打了一个扩展功能的补丁。其是通过外接的 OBD 接口来实现胎压监测功能的，我们可以把它理解为一个外挂系统，使用间接式胎压监测装置的车辆会出现两个问题：一是绝大多数采用间接式胎压监测装置的车型都不能具体指示出具体是哪一只轮胎胎压不足；二是如果四只轮胎的胎压同时在下降，那么这种装置也就失效了，而这种情况一般在冬天气温下降时尤其明显。此外，当车子行驶过弯路时，外侧轮转动次数会大于内侧轮转动次数，或者轮胎在沙地或冰雪路面打滑，特定轮胎旋转数会特别高。所以这种计算胎压的监测方法有一定的局限性。

三、参考书目

序列	书名，材料名称	说明
1	《汽车行驶与操纵系统检修（第二版）》，焦传君主编	北京理工大学出版社
2	车辆保养手册、车辆维修手册	依车型而定

学生笔记：

模块二

悬架系统的检测与维修

学习任务与能力矩阵

任务	能力
任务1 更换悬架下摆臂	能够参照维修手册进行悬架下摆臂的更换
任务2 拆卸与安装前减振器	能对传统悬架系统进行故障分析与检测；能够参照维修手册进行减振器总成的拆卸与安装
任务3 操作空气悬架	能够参照车辆使用说明书进行空气悬架的操作
任务4 更换车身高度传感器	能进行车身高度传感器的更换并重新匹配车身高度默认位置
任务5 排除车辆空气悬架故障灯点亮	能对空气悬架系统进行故障分析并用专用设备进行检测

任务1 更换悬架下摆臂

一、任务信息

任务难度	中级		
学时	3学时	班级	
成绩		日期	
姓名		教师签名	
案例导入	一位客户向服务顾问抱怨：车低速行驶时打方向左右轻重不一；高速行驶时"发飘"，难掌握方向；并且颠簸时伴随明显异响。经过专业维修师傅检测后确定是左侧前悬架的下摆臂变形了，需要进行更换		
能力目标	知识	能够描述汽车悬架的组成； 能够识读车辆维修手册并能够根据维修手册描述相应系统拆装流程； 能够根据维修手册制订更换悬架下摆臂的工作计划	
	技能	能够更换悬架下摆臂	
	素养	能够与团队成员协作完成任务； 能够具备操作安全意识	

二、任务流程

（一）任务准备

如果更换大众迈腾 B8 的悬架下摆臂，需要准备哪些工具？请查看下图二维码进行学习。

16 款大众迈腾 B8 维修手册

（二）任务实施

任务 1.1　更换悬架下摆臂

1. 工作表

（1）查看维修手册，写出更换悬架下摆臂所需要用到的工具名称。

|　　　　　|　　　　　|　　　　　|

（2）识别并填写下面编号对应缺失的零件名称。

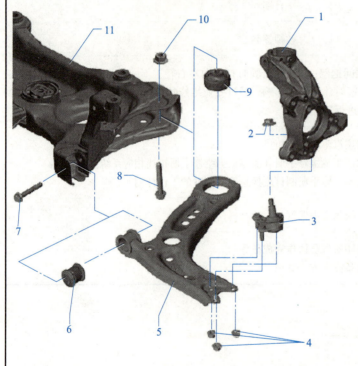

序号	名称
1	
2	
3	
4	
5	
6	
7	
8	
9	
10	
11	

（3）查看维修手册，请制订更换悬架下摆臂的工作计划。

_____
_____
_____
_____
_____
_____

_____

（4）补充说明更换悬架下摆臂过程中需要注意哪些问题。

① 车身高度传感器的操作杆必须指向_____。

② 车身高度传感器的螺纹必须拧入主销的外侧孔。为了保证正确的安装位置，_____。

③ 记录拆装过程中需要拧紧力矩的位置及力矩大小

位置	力矩大小
下摆臂，主销	
前部车身高度传感器	
车轮螺栓的拧紧力矩	

技师签字：　　　　　　　　　　　　　　　年　　月　　日

2. 参考信息

16 款大众迈腾 B8 维修手册：拆卸和安装下控制臂。

（1）所需专用工具和维修设备。

① 图 2-1 所示为扭矩扳手 -V.A.G 1332-。

② 图 2-2 所示为发动机支承 -T10533-。

图 2-1　扭矩扳手　　　　图 2-2　发动机支承

（2）拆卸。

① 松开车轮螺栓。

② 升高汽车。

③ 拆下车轮。

④ 拆卸隔音垫。

⑤ 松开后部区域内的轮罩板并向前翻起（必要时）。

配备车身高度传感器的车辆如图 2-3 所示。

① 拧下螺母。

② 从摆臂中脱出左前车身高度传感器或右前车身高度传感器的支架。

③ 拧下如图2-4箭头所示螺母,并从主销中脱出摆臂。

图2-3 配备车身高度传感器的车辆

图2-4 主销与下摆臂固定螺栓

④ 拆卸摆动支承。

⑤ 摆动支承。

⑥ 松开排气装置双卡箍。

⑦ 从副车架上拧下排气装置支架的固定螺栓,如图2-5箭头所示,并从副车架上脱开排气装置支架。

⑧ 如图2-6所示,完全拧紧发动机支座,以便实现最短的长度。

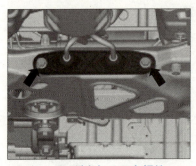

图2-5 副车架及固定螺栓

图2-6 固定发动机支座

⑨ 将发动机支座以更高的角度(按箭头所指)拧紧到变速箱上。为此要使用摆动支承螺栓连接中的短螺栓。

⑩ 将发动机/变速箱总成尽量向前按压,直至螺杆可以安装到摆动支承轴承中。

⑪ 依次转动发动机支座直至摆臂螺栓和变速箱之间达到距离 $a(a=85\ mm)$,如图2-7所示。

⑫ 旋出如图2-8所示的螺栓。

⑬ 如图2-9所示,向后翻起摆臂接着从副车架上拔下,按箭头方向。

(3)安装。

安装以倒序进行。必须注意下列事项:

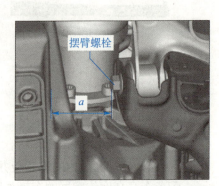

图2-7 摆臂螺栓和变速箱之间的距离

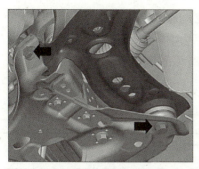

图 2-8　下摆臂固定螺栓

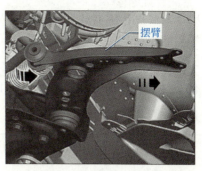

图 2-9　后翻下摆臂

① 如图 2-10 所示，将后摆臂装入副车架，按箭头方向，接着向前翻起。
② 拧紧图 2-11 所示的螺栓。

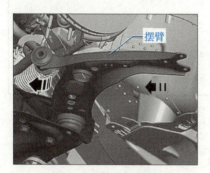

图 2-10　前翻下摆臂

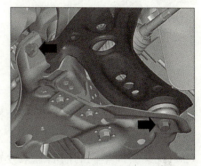

图 2-11　拧紧下摆臂螺栓

注意：在空载位置拧紧螺栓和螺母。

③ 拧紧如图 2-12 所示的螺母。

注意：在空载位置拧紧螺母，按箭头方向。

① 拆卸发动机支座。
② 安装摆动支承。
③ 摆动支承。
④ 安装副车架的排气装置支架并用固定转矩拧紧图 2-13 所示螺栓。

图 2-12　主销与下摆臂固定螺栓

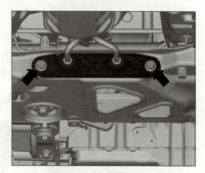

图 2-13　副车架及固定螺栓

其余的安装以倒序进行。必须注意下列事项：

a. 车身高度传感器的操作杆必须指向汽车外侧。

b. 车身高度传感器的螺纹必须拧入主销的外侧孔。为了保证正确的安装位置,车身高度传感器的止动凸耳必须嵌入内孔。

c. 对于配备车身高度传感器的车辆,对车轮减振电子装置进行基本设置。

任务1.2 选择相同类型、结构的悬架

1. 工作表

(1) 悬架的组成以及各部分的功用分别是什么?在车上分别找到这些元件。

序号	名称
1	
2	
3	
4	
5	

(2) 观察实训车辆后选择前后车桥对应的类型:

前车桥:_____ 后车桥:_____

(3) 观察实训车辆的前后悬架分别是什么类型。

前悬架:_____ 后悬架:_____

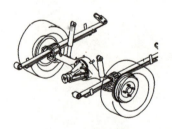

A 钢板弹簧式非独立悬架

B 螺旋弹簧式非独立悬架

C 麦弗逊式独立悬架

D 双叉臂式独立悬架

E 多连杆式独立悬架

（4）从下列选型中选出独立悬架的优点。

在悬架弹性元件一定的变形范围内，两侧车轮可以单独运动，互不影响。　☐

减少汽车的非簧载质量，悬架所受到的冲击载荷减小。　☐

采用断开式车桥，使汽车重心下降，提高了汽车行驶稳定性。　☐

结构复杂。　☐

制造成本高。　☐

维修不便。　☐

轮胎磨损较严重。　☐

技师签字：　　　　　　　　　　　　　　　　　　　年　　月　　日

2. 参考信息

（1）悬架的功用。

悬架的作用是把路面作用于车轮上的法向反力（支持力）、切向反力（牵引力和制动力）和侧向反力以及这些反力所造成的力矩都传递到车架（或承载式车身）上，缓和并衰减汽车在行驶中产生的冲击及振动，以保证汽车的正常行驶（见图2-14）。

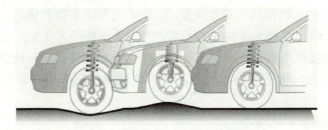

图2-14　不平路面状况行驶时的悬架

（2）悬架的组成。

现代汽车的悬架一般是由弹性元件、导向装置、减振器和横向稳定器四部分组成的，如图2-15所示。弹性元件的作用是缓和路面的冲击。弹性元件有钢质弹簧、充气/空气弹簧、橡胶/弹性体，或者是上述形式的组合。轿车上普遍采用钢质弹簧悬架，钢质弹簧采用的形式很多，但其中最普遍的是螺旋弹簧。空气弹簧用在卡车上已经有很多年了，由于其本身的优点，越来越多的轿车开始采用空气弹簧。安装减振器旨在迅速衰减车体的振动，将运动过程中的机械能通过减振器转化成热能消耗掉，使振动衰减。导向机构（图2-15中的纵向推力杆和横向推力杆）的任务是使车轮按一定轨迹相对于车架和车身跳动，同时还负责传递车轮和车身之间的各个方向的力。在多数的轿车和客车上，为防止车身在转向行驶等情况下发生过大的横向倾斜，在悬架中还设有辅助弹性元件——横向稳定器。

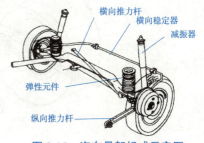

图2-15　汽车悬架组成示意图

（3）悬架的类型。

汽车悬架可分为非独立悬架和独立悬架两大类，如图2-16所示。非独立悬架的结构特点是两侧的车轮由一根整体式车桥相连。当一侧车轮因道路不平而发生跳动时，必然引起另一侧车轮在汽车横向平面内摆动，故称为非独立悬架。非独立悬架因其结构简单，工作可靠，广泛应用于货车的前、后悬架，而在轿车中非独立悬架仅用于后悬架。

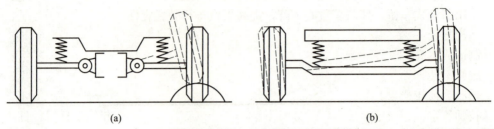

图 2-16　非独立悬架与独立悬架示意图
（a）独立悬架；（b）非独立悬架

独立悬架的结构特点是车桥做成断开的，两侧车轮可以单独地通过弹性悬架与车架（或车身）连接，单独跳动，互不影响，故称为独立悬架。独立悬架两侧的车轮各自独立地与车架或车身弹性连接，因而具有以下优点：在悬架弹性元件一定的变形范围内，两侧车轮可以单独运动，互不影响，这样在不平道路上行驶时可减少车架和车身的振动，而且有助于消除转向轮不断偏摆的不良现象；减少了汽车的非簧载质量，则悬架所受到的冲击载荷也减小，可以提高汽车的平均行驶速度；采用断开式车桥，发动机总成的位置可以降低和前移，使汽车重心下降，提高了汽车行驶稳定性。它的缺点是结构复杂，制造成本高，维修不便，轮胎磨损较严重。独立悬架被广泛采用在轿车转向轮和越野汽车上。

（4）几种典型的悬架结构。

① 钢板弹簧式非独立悬架。

钢板弹簧式非独立悬架主要由钢板弹簧和减振器组成，如图 2-17 所示。钢板弹簧本身可以兼起导向机构的作用，并有一定的减振作用，使悬架结构大为简化。钢板弹簧式非独立悬架通常是将钢板弹簧纵向布置，因此又称为纵置板弹簧式非独立悬架。

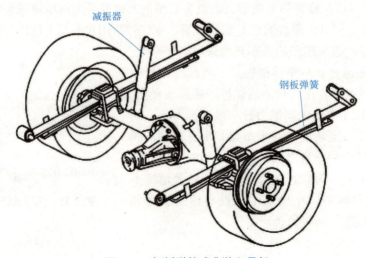

图 2-17　钢板弹簧式非独立悬架

② 螺旋弹簧式非独立悬架。

螺旋弹簧式非独立悬架一般只用作中低级轿车的后悬架。由螺旋弹簧、减振器、纵向拖臂和扭力梁组成，如图 2-18 所示。这种悬架也被称为扭力梁式悬架，拖曳臂式悬架，耦合杆式非独立悬架或 H 形悬架。其工作原理是将非独立悬挂的车轮装在一个扭力梁的两端，当一边车轮上下跳动时，会使扭力梁绕跳动，从而带动另一侧车轮也相应地跳动，减小整个车身的倾斜或摇晃。其自身具有一定的扭转刚度，可以起到与横向稳定杆相同的作用，可增加车辆的侧倾刚度，提高车辆的侧倾稳定性。

③ 麦弗逊式独立悬架。

麦弗逊式独立悬架目前在前置前驱动轿车和某些轻型客车上广泛采用。红旗 HS5 上前悬架采用就是麦弗逊式独立悬架，其结构如图 2-19 所示。突出的特点是以筒式减振器为滑动立柱，减振器的上端通过带轴承的隔振块总成（可看作减振器的上铰链点）与车身相连，减振器的下端与转向节相连。下摆臂外侧与转向节铰接，内侧与车架铰接。车轮所受的侧向力通过转向节大部分由下摆臂承受，其余部分由减振器活塞和活塞杆承受。

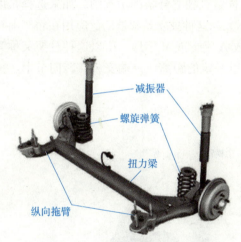

图 2-18 螺旋弹簧式非独立悬架

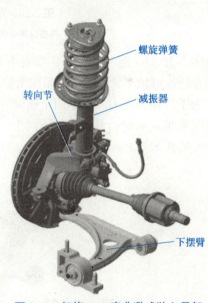

图 2-19 红旗 HS5 麦弗逊式独立悬架

筒式减振器上铰链的中心与下摆臂外端的球铰链中心的连线为主销轴线。此结构也为无主销结构。当车轮上下跳动时，因减振器的下支点随下摆臂摆动，故主销轴线的角度是变化的。这说明车轮是沿着摆动的主销轴线而运动的。因此，这种悬架在变形时，使得主销的定位角和轮距都有些变化。适当地调整杆系的布置，可使车轮的这些定位参数变化极小。

该悬架突出的优点是增大了两前轮内侧的空间，便于发动机和其一些部件的布置；其缺点是滑动立柱摩擦和磨损较大。为减少摩擦通常是将螺旋弹簧中心线与滑柱中心线的布置不相重合。

④ 双横臂式独立悬架。

双横臂式独立悬架系统按上下横臂是否等长，又分为等长双横臂式和不等长双横臂式

两种悬架系统,如图 2-20 所示。等长双横臂式悬架系统在车轮上下跳动时,能保持主销倾角不变,但轮距变化大,造成轮胎磨损严重,现已很少用。对于不等长双横臂式悬架系统,只要适当选择、优化上下横臂的长度,并通过合理的布置,就可以使轮距及前轮定位参数变化均在可接受的限定范围内,保证汽车具有良好的行驶稳定性。

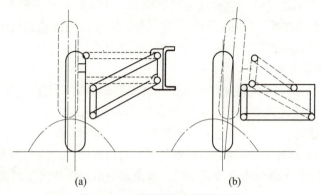

图 2-20 双横臂式独立悬架示意图
(a) 两摆臂等长的悬架;(b) 两摆臂不等长的悬架

图 2-20(b)所示为上下两摆臂不等长的双横臂式独立悬架的示意图。如果选择长度比例合适,可使车轮和主销的角度及轮距变化不大。这种独立悬架被广泛应用在轿车前轮上。为了传递纵向力,上下两个横臂一般都做成 A 字形或 V 字形,所以这种悬架又称为双叉臂式独立悬架。悬架的上下两个 V 形摆臂以一定的距离,一端安装在转向节上,另一端安装在车架上,如图 2-21 所示。

图 2-21 双叉臂式独立悬架立体图

⑤ 多连杆式独立悬架。

多连杆式独立悬架系统是由 3~5 根杆件组合起来控制车轮的位置变化的悬架系统,红旗 HS5 的后悬架采用的就是这种结构,如图 2-22 所示。多连杆式能使车轮绕着与汽车纵轴线成一定角度的轴线内摆动,是横臂式和纵臂式的折中方案,适当地选择摆臂轴线与汽车纵轴线所成的夹角,可不同程度地获得横臂式与纵臂式悬架系统的优点,能满足不同的使用性能要求。多连杆式悬架系统的主要优点是:车轮跳动时轮距和前束的变化很小,不管汽车是在驱动、制动状态都可以按驾驶员的意图进行平稳的转向。

图 2-22 红旗 HS5 多连杆悬架立体图

三、参考书目

序列	书名,材料名称	说明
1	《汽车行驶与操纵系统检修(第二版)》,焦传君主编	北京理工大学出版社
2	车辆保养手册、车辆维修手册	依车型而定

学生笔记:

任务 2　拆卸与安装前减振器

一、任务信息

任务难度	中级		
学时	6学时	班级	
成绩		日期	
姓名		教师签名	
案例导入	一位客户向服务顾问抱怨，车辆在过减速带时，感觉车身下沉较多；前方有坑，车辆行驶时还会发出"咚咚"的声音。维修师傅检查发现汽车的前减振器漏油，确定需要进行更换		
能力目标	知识	能够描述减振器的结构及工作原理； 能够识读车辆维修手册并能够根据维修手册描述相应系统拆装流程； 能够识读车辆维修手册，制订前减振器拆卸与安装的工作计划	
	技能	能够正确进行前减振器拆卸与安装	
	素养	能够展示操作成果； 能够与团队成员协作完成任务	

二、任务流程

（一）任务准备

大众高尔夫 A7 的前减振器是如何工作的？请查看下图二维码进行学习。

动画：双筒式减振器的工作原理

(二) 任务实施

任务2.1 拆卸前减振器

1. 工作表

（1）查看维修手册，填写拆卸前减振器需要专用工具的名称。

（2）查看维修手册，制订拆卸前减振器的工作计划。

_____
_____
_____
_____
_____
_____
_____
_____
_____

（3）执行拆卸减振器步骤（完成后在□内打√）。
□ 拧下轮毂上的传动轴螺栓
□ 拆下车轮
□ 拆下减振器上的连接杆
□ 拆下ABS轮速传感器导线
□ 将控制臂从转向节主销上拉出
□ 将传动轴从轮毂上拉出
□ 分离减振器和轮毂
□ 将转向节主销和控制臂重新安装在一起
□ 拆卸排水槽盖板
□ 拆下减振器

（4）拆卸减振器过程中的注意事项（完成后在□内打√）。
□ 不要让传动轴自由悬挂，这会使内万向节弯曲过度而损坏
□ 当发动机和变速箱举升装置在车辆底下时不要举升或降低车辆。车辆可能会从举升平台上滑落
□ 不用的时候不要将发动机和变速箱举升装置留在车下

□ 确保扩张器只插到车轮轴承支座中。插入足够的深度以确保减振器的金属边不被损坏

技师签字：　　　　　　　　　　　　　　　年　　月　　日

2. 参考信息

（1）大众高尔夫 A7 维修手册：拆卸和安装螺旋弹簧及减振器组件。

① 所需要的专用工具和维修设备（见图2-23）。

a. 扭矩扳手（40~200 N·m）；

b. 扩张器；

c. 发动机和变速箱举升装置；

d. 定位件；

e. 常用棘轮扳手。

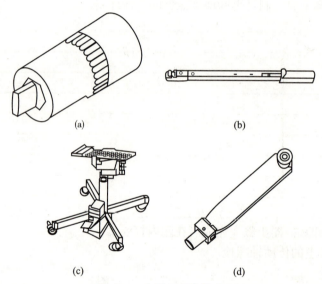

图2-23　专业工具和设备

（a）扭矩扳手；（b）扩张器；（c）发动机和变速箱举升装置；（d）定位件

② 拆卸螺旋弹簧及减振器组件。

a. 拧下轮毂上的传动轴螺栓。

注意：车轮侧传动轴螺栓连接件松开时，车轮轴承不允许承重。如果车轮轴承承载了，汽车自身的重量就会受到损坏，从而降低车轮轴承的使用寿命。

当汽车停放在地上时，传动轴的螺栓最多只允许松开90°。汽车没有安装传动轴前不允许移动，否则会损坏车轮轴承。如果一定要移动汽车，必须注意以下事项：安装一个外侧万向节替代驱动轴并用120 N·m力矩拧紧外侧万向节。

b. 松开如图2-24所示的车轮螺栓。

c. 举升车辆。

d. 拆下前车轮。

e. 松开螺母（按箭头方向）并将连接杆从减振器上拉出。

f. 从支架上上拆下 ABS 轮速传感器的导线。

g. 旋下图 2-25 中箭头所指三个螺母。

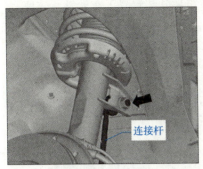

图 2-24 车轮螺栓

图 2-25 下摆臂与转向节固定螺栓

h. 将控制臂从转向节主销上拉出。

i. 将传动轴从轮毂上拉出。

j. 将传动轴用绑带固定到车身上。

注意：不要让传动轴自由悬挂，这会使内万向节弯曲过度而损坏。

k. 如图 2-26 所示，将一把螺丝刀插到制动盘和制动钳之间。

l. 将发动机和变速箱举升装置连同定位件用车轮螺栓固定在轮毂上。

注意：当发动机和变速箱举升装置在车辆底下时不要举升或降低车辆。车辆可能会从举升平台上滑落。不用的时候不要将发动机和变速箱举升装置留在车下。

m. 拧下车轮轴承支座和减振器之间的螺栓连接，如图 2-27 箭头所示。

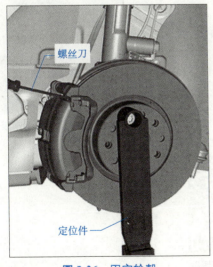

图 2-26 固定轮毂

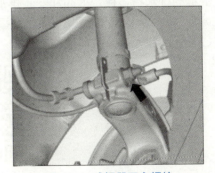

图 2-27 减振器固定螺栓

n. 将扩张器插到车轮轴承支座的开槽处，如图 2-28 所示。

注意：

应确保扩张器只插到车轮轴承支座中。插入足够的深度以确保减振器的金属边不被损坏。

用棘轮扳手将扩张器转动90°,并将其从扩张器上脱开。

o. 用手将制动盘向减振器支柱方向轻推,否则,减振器管可能会在车轮轴承内倾斜。

p. 如图2-29所示,沿箭头方向用发动机和变速箱举升装置降下车轮轴承支座。

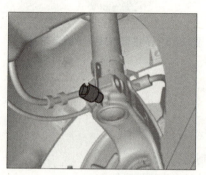

图2-28 插入扩张器

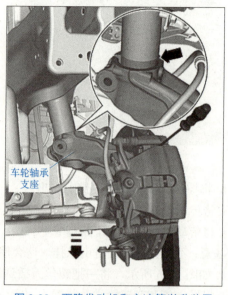

图2-29 下降发动机和变速箱举升装置

q. 降下车轮轴承支座直到减振器按箭头方向脱开。

r. 将转向节主销和控制臂重新安装在一起。

s. 将发动机和变速箱举升装置和定位件从车轮轴承支座上拆下。

注意:不需要的时候不要将发动机和变速箱举升装置放置在车下。

t. 降下车辆。

u. 拆卸排水槽盖板,拆卸和安装排水槽盖板。

v. 旋下减振器上部固定螺栓并拆下减振器(见图2-30)。

(2) 拆卸和安装减振器操作视频。

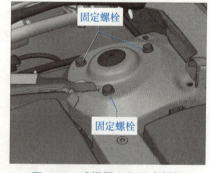

图2-30 减振器上部固定螺栓

拆卸和安装减振器

任务2.2:减振器的检修

1. 工作表

(1) 写出下图中各部件的名称,并在实物中找到其对应位置。

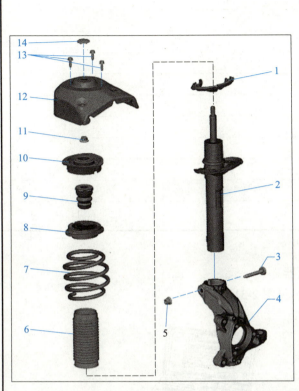

编号	零件名称
1	
2	
3	
4	
5	
6	
7	
8	
9	
10	
11	
12	
13	
14	

（2）查阅实训车辆的修理手册，参照上图的零件标号，找到维修减振器过程中各拧紧力矩的零部件，其力矩为规定数值，并记录在下方。

项目	标准扭矩值	其他要求
3 内梅花螺栓		
5 螺母		
11 螺母		
13 螺栓		

（3）查阅实训车辆的修理手册，补充维修减振器过程中需要用到的专用工具名称。

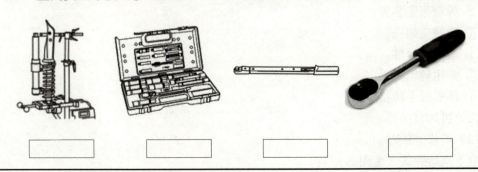

（4）查阅实训车辆的修理手册，制订减振器更换弹簧的工作计划。

_____

_____

_____

_____

_____

_____

_____

技师签字：　　　　　　　　　　　　　　　　　　　　　　年　　月　　日

2. 参考信息

大众高尔夫 A7 维修手册：维修减振器。

（1）所需要的专用工具和维修设备（见图 2-31）。

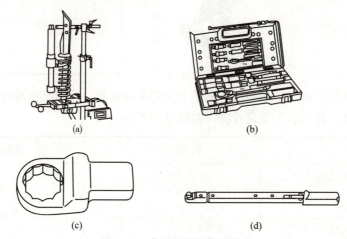

图 2-31　专用工具和维修设备

(a) 弹簧张紧装置和弹簧支架；(b) 减振器套件；(c) 环形扳手接头；(d) 棘轮扳手

① 扭矩扳手（40~200 N·m）；

② 弹簧张紧装置；

③ 弹簧支架；

④ 减振器套件；

⑤ 常用棘轮扳手；

⑥ 环形扳手转接头。

（2）拆卸减振器。

（3）检修减振器。

取下螺旋弹簧（见图 2-32）：

① 将减振器托架夹在台虎钳上。
② 将减振器夹在减振器托架中。
③ 使用弹簧张紧装置将螺旋弹簧预压紧直到推力球轴承可以自由活动。
注意：首先将弹簧压缩到足够让上部的弹簧座自由活动。
④ 如图2-33所示，确保螺旋弹簧正确定位在弹簧支架上。

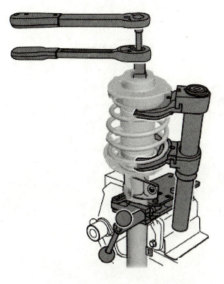

图2-32 取下螺旋弹簧

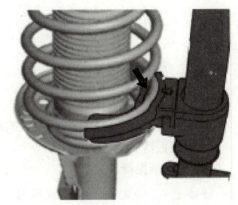

图2-33 定位弹簧

⑤ 旋出活塞杆中的六角螺母。
⑥ 将螺旋弹簧和弹簧张紧装置一起取下。
安装螺旋弹簧（见图2-34）：
⑦ 将弹簧垫安装到减振器上。
⑧ 将螺旋弹簧连同弹簧张紧装置安装到底部弹簧垫上。螺旋弹簧的末端必须靠紧止位（箭头处）。
⑨ 依次安装其余部件，并注意减振器弹簧座凸缘必须对准推力轴承的凹槽（见图2-35）。

图2-34 安装螺旋弹簧

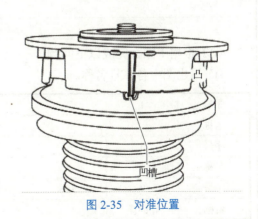

图2-35 对准位置

⑩ 如图2-36所示，用扭矩扳手（40~200 N·m）和环形扳手转接头按力矩拧紧活塞杆上的新螺母。

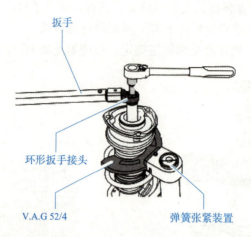

图2-36 上紧螺母

⑪ 松开弹簧张紧装置，并将其从螺旋弹簧上拆下。
⑫ 将减振器从托架中拆下。
（4）安装减振器。

任务2.3　安装和检查前减振器

1. 工作表

（1）查阅维修手册，说明前减振器安装过程中需要注意哪些问题。

_____

_____

（2）写出车辆举升前对悬架的检车项目。（两项）

_____

_____

（3）根据下图，完成以下问题。

① 写出图中各序号名称。

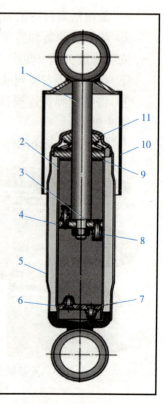

序号	1	2	3	4
名称				
序号	5	6	7	8
名称				
序号	9	10	11	
名称	导向座			

② 分别就压缩和伸张两个行程说明双向作用筒式减振器的工作原理。

③ 说出三项减振器的检查项目。

(4) 悬架的主要耗损形式（写出三种）：
_____
_____
_____

(5) 对实训车辆悬架进行全面检查，并在下方做好记录。
螺旋弹簧是否折断？_____
螺旋弹簧有无压缩行程过大与限位块产生冲击的现象？_____
螺旋弹簧限位块是否老化损坏或脱落？_____
减振器有无漏油损坏？_____
如采用麦弗逊式前悬架，检查前减振器上方轴承有无损坏？_____
前副车架及下控制臂等部件是否磕碰变形？_____
控制臂橡胶支撑座有无老化损坏？_____
前悬架控制臂球头是否磨损过度？_____
后悬架纵向拖臂或各连杆有无橡胶块老化损坏现象？_____
横向稳定杆连接杆上下球头是否磨损过度？_____
横向稳定杆与副车架之间胶套（左右各一）是否老化？_____
后副车架及纵向拖臂/连杆等部件是否磕碰变形？_____
如有其他异常，请补充。_____
技师签字： 　　　　　　　　　　　　　　年　月　日

2. 参考信息
(1) 相关车辆维修手册：安装减振器。
① 安装螺旋弹簧及减振器组件（参考标记如图 2-37 所示）。
弹簧座上的箭头必须位于车身内侧。

弹簧座上的两个箭头必须始终朝向车辆行驶方向。
安装减振器并拧紧图 2-38 所示螺栓。

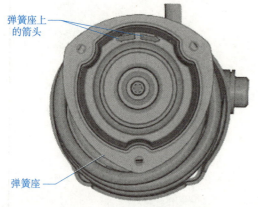

图 2-37 弹簧座上的指示箭头

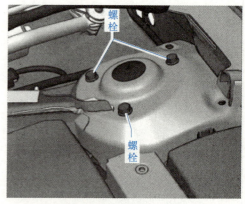

图 2-38 减振器上端螺栓

将发动机和变速箱举升装置连同定位件固定在车轮轴承支座上（见图 2-39）。
旋下图 2-40 所示的螺母。

图 2-39 发动机和变速箱举升装置

图 2-40 下摆臂

如图 2-41 所示，将控制臂从转向节主销上拉出。
沿箭头方向用发动机和变速箱举升装置降下车轮轴承支座。
使用发动机和变速箱举升装置将车轮轴承支座向上举升。
直至减振器车轮轴承支座接合到极限位置。
拆下扩张器（见图 2-42）。
如图 2-43 所示，安装新的螺栓，螺栓的尖端必须朝向车辆行驶方向。
用新的螺母按箭头方向将车轮轴承支座固定到减振器上。

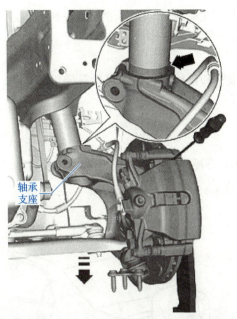

图 2-41 降下发动机和变速箱举升装置

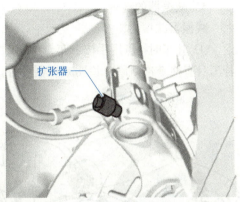

图 2-42 拆下扩张器

（2）悬架的基本检查。

悬架技术状况变差，使汽车的冲击载荷变大，加剧了零件的磨损，影响汽车的行驶平顺性和操纵的可靠性。悬架的主要损耗形式是弹簧弹力下降、弹簧断裂、减振垫和限位挡块损坏以及减振器失效。

1）弹性元件的检查。

轿车悬架的弹性元件多采用螺旋弹簧。螺旋弹簧的检修主要是检查螺旋弹簧上有无裂纹及其自由长度，如果弹簧的自由长度比标准长度缩短 5%，则表示该弹簧已经永久变形，刚度变差。当螺旋弹簧折断或刚度变差时，会因弹簧弹力不足使车身歪斜，造成汽车行驶过程中自动跑偏，因此，必须更换弹簧。更换时要同时更换左、右两个螺旋弹簧，以保持车辆两侧高度相同。

2）车辆倾斜的检查。

可采用目测方法，检查车身倾斜情况，如图 2-44 所示。

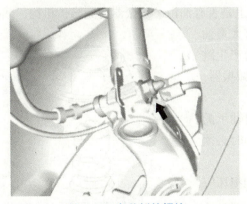

图 2-43 安装新的螺栓

图 2-44 车身倾斜的检查

如果车辆倾斜，则需要验证是否由轮胎气压、左右轮胎或者车轮尺寸的偏差和不均匀的车辆负荷分配引起的车辆倾斜，否则，应判断螺旋弹簧折断或刚度变差。

3）悬架损坏状况检查

检查螺旋弹簧、减振器、横向稳定杆、下臂、拖臂和桥梁、转向节等各悬架组件是否损坏，各悬架组件在车上的安装位置如图2-45所示。

4）减振器的检查。

减振器减振力检查：

① 驻车时，可用手按下车辆的前、后保险杠，上、下摇动车身，放松后观测汽车车身，若车身有2~3次跳跃，说明减振器良好，如图2-46所示。

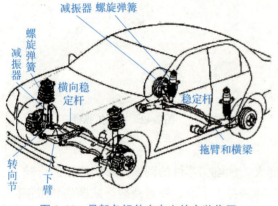

图2-45 悬架各组件在车上的安装位置

图2-46 减振器减振力的检查

② 路试时，汽车缓慢行驶并不断制动减速时车身跳跃强烈，或行驶一段路程后，用手摸其外壳温度，若高于其他部位，说明减振器工作正常。

减振器损坏状况检查：

① 检查减振器上是否有凹痕。另外，检查防尘罩上是否有裂纹、裂缝或者其他损坏。

② 固定住减振器，上下运动活塞杆时应有一定阻力，而且向上比向下的阻力要大一些。若阻力过大，应检查活塞杆是否弯曲；若无阻力，则表示减振器油已漏光或失效，必须更换。

减振器中漏油检查：

用目视的方法检查减振器，观察减振器上是否有油污。减振器为免维护机构，减振器外面有轻微的油迹，不必更换减振器。如有大量油迹即漏油时，减振器在压缩到底或伸展时会产生跳动现象或车辆行驶时发出冲击噪声，应更换减振器。

前减振器悬架轴承主橡胶挡块的检查：

① 如图2-47所示。检查前减振器悬架轴承的磨损与损坏情况，支持应能灵活转动，损坏时必须整体更换。

② 检查橡胶挡块的损坏与老化情况，如损坏应及时更换。

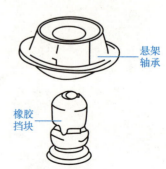

图2-47 减振器悬架轴承和橡胶挡块的检查

5）副车架、横向稳定杆和梯形臂的检查。

① 用手摇晃悬架接头上的连接，检查衬套是否磨损或者有裂纹，并且检查是否摆动。同时检查连接是否损坏，如图 2-48 所示。

检查梯形臂（下摆臂）下球铰，如图 2-49 所示，其轴向间隙标准为 0；用弹簧秤检查下球铰的拉力应在 10.8~73.6 N，下球铰的扭力应在 1.5~3.4 N·m。

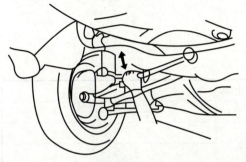

图 2-48　连接摆动情况检查

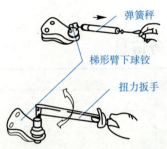

图 2-49　梯形臂下球铰检查

三、参考书目

序列	书名，材料名称	说明
1	《汽车行驶与操纵系统检修（第二版）》，焦传君主编	北京理工大学出版社
2	车辆保养手册、车辆维修手册	依车型而定

学生笔记：

任务 3 操作空气悬架

一、任务信息

任务难度	中级		
学时	1 学时	班级	
成绩		日期	
姓名		教师签名	
案例导入	秋冬交替季节，一位客户来店里进行雪地胎的更换，经确定该车配备的是空气悬架，更换轮胎的时候对空气悬挂需要哪些特殊操作？空气悬架的车辆驾驶员可以进行哪些操作呢？		
能力目标	知识	能够识读车辆使用手册并能够根据手册描述进行空气悬架的操作	
	技能	能够正确进行空气悬架的操作	
	素养	培养学生的服务意识	

二、任务流程

（一）任务准备

配有空气悬架的车辆举升与普通车辆有什么不同？请查看下图二维码进行学习。

视频 2-1 启用或停用顶升模式视频

（二）任务实施

任务 3.1 空气悬架的操作

1. 工作表

（1）空气悬架的操作方法有哪些？

_____
_____
_____
_____
_____

（2）列举空气悬架的水平高度等级及高度值。

水平高度等级	最小离地间隙	高度值

（3）当车辆处于高 2 状态时，若车速_____，那么底盘高度会自动降到高 1 状态。只有当车速_____时才可能进入高 2 状态。

在高 1 状态时若车速_____，会自动降至正常状态。只有当车速_____时才能（手动）进入高 1 状态。

车在行驶时，不会自动进入高 1 或高 2 状态，必须要_____选择。

驻车时的状态是个例外。在驻车时，当发动机关闭且车门上锁后，汽车底盘自动进入_____状态。

（4）空气悬架在哪些状态下会被调到驻车状态？

☐ 在该系统还在继续运行且已从外面将车辆上锁时
☐ 在蓄压器内还有足够的压力时
☐ 当该系统未被切换到手动模式时
☐ 车速超过 80 km/h 时

技师签字：   年   月   日

2. 参考信息

（1）空气悬架的操纵和显示。

1）操纵。

水平调节操纵单元 E281 用于操纵四级空气悬架及显示/控制系统状态（位置如图 2-50 所示）。

在正常的行驶工况时，某些底盘高度变化过程是自动完成的（见调节策略）。

在考虑到某些边界条件的情况下（见调节策略），驾驶员通过升高或降低按键可随时选择相应的底盘高度。

如果只按升高键一次，那么底盘高度就切换到下一个较高的高度上。如果多次按压升高键，

图 2-50　水平调节操纵单元 E281

那么就可以多次切换（如从低直接切换到高 1）。

注意：只有当已经到达高 1 后才能选择高 2。

可按上述按压降低按键来选择较低的底盘高度。多次按压（3 次）可直接从高 2 切换到低。

2) 显示。

显示区上有四个重叠安装的 LED，它们是常亮的，用于表示当前的底盘高度状态（见图 2-51）。

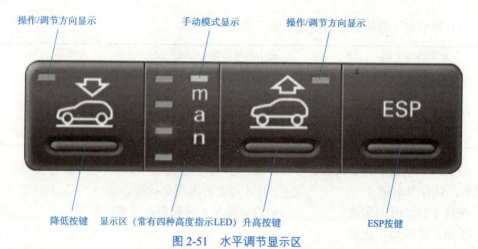

图 2-51 水平调节显示区

只有底盘高度切换所触发（不管是手动的还是自动的）的调节过程才会由一个或多个 LED 的闪烁来表示。一旦达到了所需要的高度，闪烁就变成常亮了。

升高按键和降低按键内的 LED 表示操纵的方向，如果 LED 闪烁，就表示拒绝进行底盘高度调节（例如因车速过快）。

如果实际高度值与规定高度值偏离较大，那么 LED 就会闪烁以提醒驾驶员（按相应的高度切换）。

3) 其他的按键功能（见图 2-52）。

① 自动切换。

按住降低按键或升高按键至少 3 s，就可以接通或再次关闭所谓的"手动模式"。

黄色的带有"man"字样的 LED 就表示现在处于手动模式状态。在"手动模式"时，"驻车高度调节"和"高速公路模式"的自动功能就被关闭了。

② 关闭调节。

如果同时按住这两个调节按键的时间超

显示示例:手动模式和正常（NN）

显示示例:从低（TN）升高到高1（HN1）

显示示例:从高1（HN1）升高到高2（HN2）

显示示例:从正常（NN）降到低（TN）

图 2-52 其他的按键功能

过 5 s，那么调节功能就会被关闭或接通。在调节功能被关闭时，操纵单元上的手动模式 LED、两个高度调节按键，指示灯 K134 就会亮起。高度 LED 常亮表示高度状态。当车速超过约 10 km/h 时，如果在此之前调节功能已被关闭，那么该功能会被自动接通（但是在识别出车是在升降台模式时该功能不会被接通）。也可以使用诊断仪器来关闭调节功能（见维修手册）。

（2）空气悬架的调节策略。

该系统的特点：共有四个水平高度等级，最小离地间隙在这四个水平高度等级中可变化 66 mm，如图 2-53 所示。可手动或自动来调节。

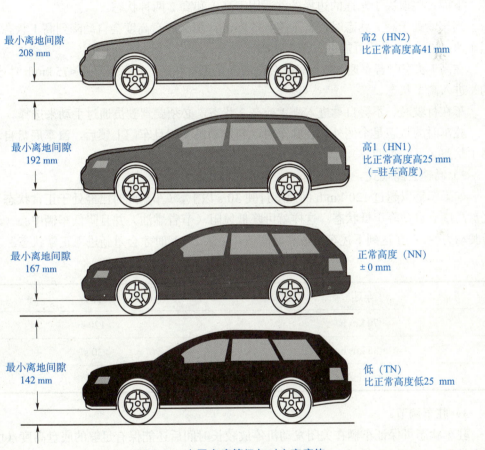

图 2-53 水平高度等级与对应高度值

这几个水平高度等级说明如下：

第一级 = 低（TN）；

第二级 = 正常（NN）；

第三级 = 高 1（HN1）；

第四级 = 高 2（HN2）；

驻车级 PN = 高 1。

1）自动降低。

前面已经说过，驾驶员可以操纵升高按键或降低按键来选择相应的底盘高度（见图 2-54）。

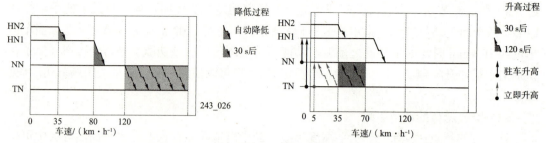

图 2-54　底盘高度调节控制策略

下面这些取决于车速的边界条件适用于高 1 和高 2 两种状态。

当车辆处于高 2 状态时，若车速 >35 km/h，那么底盘高度会自动降到高 1 状态。只有当车速 <30 km/h 时才可能进入高 2 状态。

在高 1 状态时若车速 >80 km/h，会自动降至正常状态。只有当车速 <75 km/h 时才能（手动）进入高 1 状态。

车在行驶时，不会自动进入高 1 或高 2 状态，必须要驾驶员通过手动来选择。

驻车时的状态是个例外。在驻车时，当发动机关闭且车门上锁后，汽车底盘自动进入高 1 状态（见驻车调节）。

2）高速公路模式。

如果车辆以超过 120 km/h 的速度行驶 30 s 以上，（车辆此时已经处于正常状态）那么底盘高度会自动降至低状态。这样就可降低风阻（节省燃油）并且降低车辆中心（改善了行驶动力性）。在达到下述车速值和时间值（见表 2-1）时才会重新进入正常状态。

表 2-1　车速和时间对应值

车速	时间
<70 km/h	>120 s
<35 km/h	>30 s
<5 km/h	立即

3）驻车调节。

驻车状态可保证车辆在关闭发动机停放较长时间后还能保有足够的底盘高度（由于冷却和扩散，容积减小是正常的）。另外还可方便上人和装载货物，也改善了停放车辆的外观。驻车时底盘高度相当于高 1（HN1）。

在下述情况下，车辆底盘会被调至驻车状态：

① 在该系统还在继续运行且已从外面将车辆上锁时。

② 在蓄压器内还有足够的压力时。

③ 当该系统未被切换到手动模式时。

注意：

当车速超过 80 km/h（见自动降低）或手动切换到一个较低的底盘高度时，才会脱离驻车（PN=HN1）状态。如果车辆此时已在高 2（HN2）状态，那么不会进入到驻车状态。

4）手动模式。

在手动模式时，高速公路模式和驻车调节就被关闭了。

（3）操作视频。

视频 2-2　车身高度调节操作方法视频

视频 2-3　执行元件诊断系统排气或充气

三、参考书目

序列	书名，材料名称	说明
1	《汽车行驶与操纵系统检修（第二版）》，焦传君主编	北京理工大学出版社
2	奥迪 A6 使用说明书	

学生笔记：

任务 4　更换车身高度传感器

一、任务信息

任务难度	中级		
学时	2 学时	班级	
成绩		日期	
姓名		教师签名	
案例导入	一位奥迪车主描述仪表上大灯调节和空气悬挂故障灯亮,底盘升降无法调节。维修人员用诊断仪检测故障码为:"水平传感故障和水平传感器信号不可靠。"清除故障码后试车故障重现。测量数据显示无论车身高度上下如何变化,右前车身高度值始终恒定。维修人员检查右前车身高度传感器线束正常,决定更换右前身高度传感器		
能力目标	知识	能够识读车辆维修手册并能够根据维修手册描述相应系统拆装流程; 能够识读车辆维修手册,制订更换车身高度传感器的工作计划	
	技能	更换车身高度传感器	
	素养	能够展示操作成果; 能够与团队成员协作完成任务	

二、任务流程

(一) 任务准备

车身高度传感器在汽车的什么位置?请查看下图二维码进行学习。(放置内容:12 款奥迪 A6L 空气悬架部分的维修手册)

（二）任务实施

任务 4.1　更换车身高度传感器

1. 工作表

（1）查看维修手册，说明有哪几个车身高度传感器，具体对应在实车的什么位置。
_____
_____

（2）查看维修手册，说明更换车身高度传感器的注意事项。
_____
_____
_____

（3）请描述空气悬架的优点，至少 3 条。
- ☐ 悬架特性和振动特性几乎与载荷无关
- ☐ 由于结构紧凑，因此需要的空间很小（尤其是在车桥区）
- ☐ 即使发动机关闭了，自水平调节仍能工作
- ☐ 向上、下调节的时间短
- ☐ 消耗的功率很低
- ☐ 环保性能好（因为使用的是空气）
- ☐ 电子控制系统具有极强的自诊断功能
- ☐ 由于稳定性好，因此工作可靠
- ☐ 免保养

（4）请说明空气悬架系统的组成。

（5）请描述空气悬架各传感器的作用。
温度传感器信号 G290：_____

压力传感器信号 G291：_____
水平高度传感器信号：_____
请说明水平高度传感器的工作原理。
_____
_____
_____

（6）补充空气悬架气动原理图中零部件名称，根据提示描述工作过程。

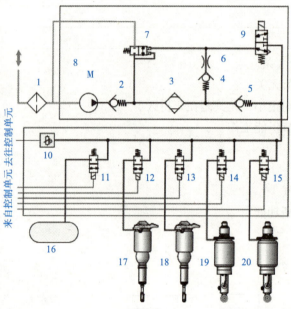

编号	名称	编号	名称
1		11	
2		12	
3		13	
4		14	
5		15	
6		16	
7		17	
8		18	
9		19	
10		20	

充气过程的气体流向：
_____
_____

放气过程的气体流向：
_____
_____

技师签字：　　　　　　　　　　　　　　　　年　　月　　日

2. 参考信息

（1）相关车辆维修手册。

(2) 奥迪 A6 空气悬架的组成及工作原理。

四级空气悬架是一种全支承式水平调节机构，它在前桥使用了传统的减振器，而后桥使用了与载荷有关的减振器。共有四个水平传感器，它们分别用于获知每个车桥上车身的水平状况。每个空气弹簧悬挂都配有一个所谓的空气弹簧阀（横向截止阀），这样每个车桥就可以单独来进行调节了（见图 2-55）。

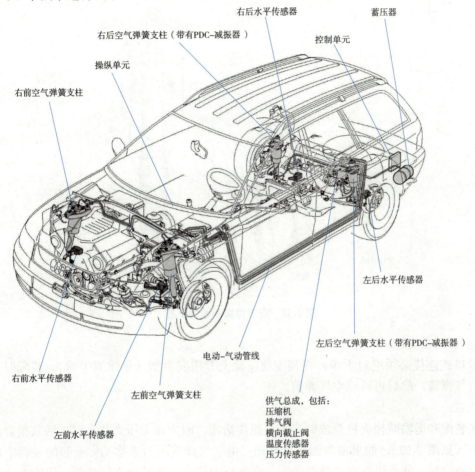

图 2-55　奥迪 A6 空气悬架的组成

1) 空气弹簧。

① 结构。

后减振支柱上的空气弹簧（开卷活塞）与减振器之间的连接/密封采用的是双层卡口式连接件来实现的。而前减振支柱则是采用一个单层的密封式插头连接来实现的。结构不同，安装也不同。

② 前减振支柱。

在安装带有减振器的空气弹簧时不要使用润滑剂或油脂。插头连接和 O 形环必须绝对干净且无油脂。在安装空气弹簧前，先将 O 形环装在减振器的第二段上，注意圆周方向要均匀。将空气弹簧（活塞）插到减振器上，用力往一起推。于是 O 形环随移动的活塞运动到第三段上，O 形环在此处支承并密封空气弹簧（见图 2-56）。

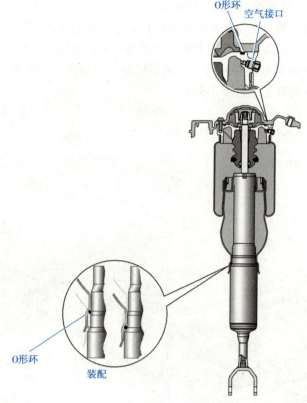

图 2-56 空气弹簧前减振支柱

③ 后减振支柱。

卡口式连接必须绝对干净,在装配前应涂上专用润滑脂(见维修手册)。装配时要先推上空气弹簧,然后再转动空气弹簧。

注意:

在装配和运输减振支柱总成时,不可抓住活塞,因为在无压力状态时,活塞很容易被推回去(见图 2-57)。如果密封圈在被推动(由空气弹簧压力来推动)安装的过程中出现不均匀的情况,就会引起空气弹簧泄漏,在无压力状态不要移动空气弹簧,因为在这种情况下管状气囊无法在活塞上展开,因而会造成其损坏。

如果车上的空气弹簧已经没有压力了,那么在举升和降下车辆前(如使用举升平台或举升器),必须使用诊断仪器参照标准值来给相应的空气弹簧充气(压力值见表 2-2)。

2)空气供给。

① 空气压缩机。

这个空气压缩机的结构形式和工作原理与 A6 车上的自水平调节所用的装置基本上是一样的。下面我们只探讨全驱车上的四级空气悬架压缩机(见图 2-58)的特点和差别。安装在车外,且无隔声板(在备胎坑前部)。

a. 因压力存储系统的原因,工作压力升至 16 bar。

b. 转速低,因而噪声小。

c. 通过备胎坑内的一个空气滤清器/噪声消除器来吸气和排气(车内)。

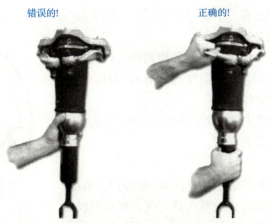

图 2-57 空气弹簧的握姿

表 2-2 空气弹簧工作压力值

项目	前	后
最小工作压力	6.0 bar	6.1 bar
额定工作压力	6.4 bar	8.5 bar
最大工作压力	9.0 bar	10.9 bar

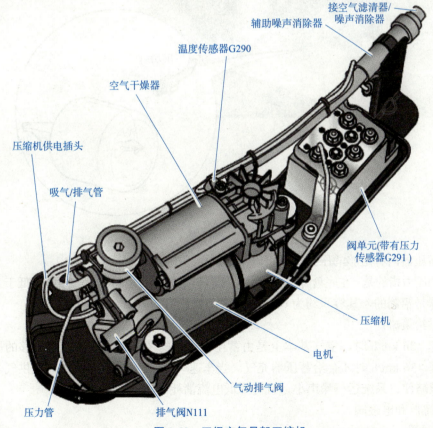

图 2-58 四级空气悬架压缩机

d. 吸气-排气管中还有一个噪声消除器，它用于将气流噪声降至最低（尤其是排气时）。

e. 利用缸盖上的一个温度传感器和控制单元内的一个计算公式来进行温度监控（详见温度传感器 G290）。

② 空气滤清器/噪声消除器。

由于空气滤清器/噪声消除器（见图 2-59）是安装在备胎坑的，因此根本不需要保养。

③ 蓄压器。

蓄压器（见图 2-60）可使底盘快速升高，而噪声又最小，这是因为只有在车辆行驶时才给蓄压器充气，而在行驶时压缩机运行的噪声就不那么明显了（参见空气供给策略）。

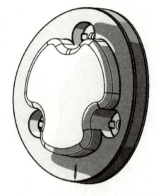

图 2-59 空气滤清器/噪声消除器

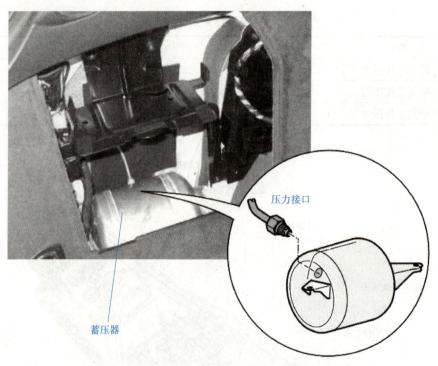

图 2-60 蓄压器

只要蓄压器内有足够的压力，就可以不借助压缩机来升高底盘高度。

足够的压力指的是：在底盘升高之前，蓄压器与空气弹簧之间的压力差要不低于 3 bar。蓄压器是铝制的，其容积约为 6.5 L，最大工作压力约为 16 bar。

空气供给策略：

当车速 <36 km/h 时，空气基本上是由蓄压器供给的（如果蓄压器内有足够的压力）。只有当车速 >36 km/h 时才会给蓄压器充气。当车速 >36 km/h 时主要由压缩机供气。这种空气供给策略使得系统运行噪声小，且可降低电流消耗。

3）传感器和电磁阀。

① 电磁阀。

四级空气悬架总共有 6 个电磁阀，如图 2-61 所示。排气阀 N111 与气动排气阀一起构成一个功能单元，该单元集成在干燥器壳体内，排气阀 N111 是一个二位三通阀，在不通电时是关闭的。

气动排气阀的作用：压力限制以及保持残余压力。四个空气弹簧阀 N148、N149、N150、N151 和蓄压阀 N311 组成一个阀单元。它们都是二位二通阀，在不通电时是关闭的。空气弹簧一侧/蓄压器一侧的压力是沿关闭方向作用的。

为了避免在连接压力管路时出现混淆的情况，压力管路上都标有颜色。阀体的接口上有颜色点用于指示匹配状况。

② 温度传感器 G290（过热保护）。

为了提高系统的工作可靠性，在压缩机的缸盖上装有温度传感器 G290，如图 2-62 所示。

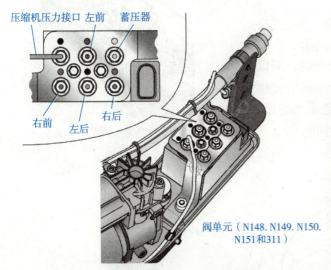

图 2-61 四级空气悬架内的电磁阀

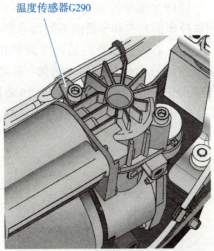

图 2-62 四级空气悬架内的温度传感器

控制单元 J197 内有一个温度模型曲线（计算公式），该曲线用于：在底盘升高调节的时间最长时防止压缩机过热。

为此控制单元要根据压缩机的运行时间和温度信号计算出压缩机的最高允许温度，并在超过某个界限值时关闭压缩机或不让压缩机接通。

③ 压力传感器 G291。

压力传感器 G291 集成在阀单元内，如图 2-63 所示，用于监控蓄压器和空气弹簧的压力。在检验底盘升高功能的可靠性和自诊断时需要使用蓄压压力这个信息。

通过操纵相应的电磁阀就可确定空气弹簧的压力和蓄压器压力。测量压力是在空气弹簧或蓄压器排气或充气时来进行的。这样测得的压力由控制单元存储并更新。

另外，蓄压器内的压力在车辆正在行驶时，每 6 min 就重新测量一次（更新）。

G291 发送一个与压力成比例的电压信号。

④ 车辆水平传感器 G76、G77、G78、G289。

这些水平传感器都是所谓的转向角传感器，如图 2-64 所示。借助一个连杆机构可将车身水平变化转换成角度变化。

奥迪全驱车上使用的角度传感器是非接触式的，利用的是感应原理。

这种水平传感器的一个特点是：它可产生两个不同的且与转角成比例的输出信号。

这个特点使得这种传感器既可用于四级空气悬架，也可用于大灯照程调节（见针脚布置表）。其中一个输出信号提供一个与角度成比例的电压（用于大灯照程调节），另一个输出信号提供一个与角度成比例的 PWM 信号（用于四级空气悬架）。

注意：

这四个水平传感器结构是相同的，只是支架和联杆根据左右和车桥的不同而有所不同。

左、右传感器臂的偏转方向是相反的，所以输出的信号也是相反的。例如：车身一侧的传感器输出信号在空气悬架压缩时如果是增大的话，那么在车身另一侧该输出信号则是减小的。

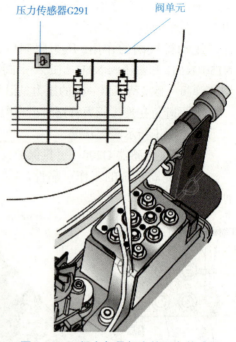

图 2-63 四级空气悬架内的压力传感器

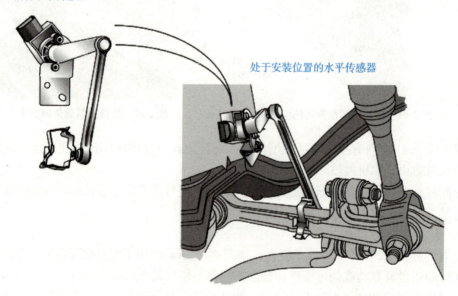

图 2-64 前桥水平传感器

出于技术原因，左侧的水平传感器（左前 G78 和左后 G76）是由大灯照程调节控制单元 J431 来供电的；右侧的水平传感器（右前 G289 和右后 G77）是由四级空气悬架控制单元 J197 来供电的。这样可保证：在 J197 出故障时，大灯照程调节功能仍能正常工作。

水平传感器上的针脚布置如表 2-3 所示。

表 2-3　水平传感器上的针脚布置

针脚		针脚	
1	接地 （左侧来自 J431，右侧来自 J197）	4	模拟信号输出， 电压信号 （只用于左侧大灯照程调节）
2	未使用	5	5 V 供电 （左侧来自 J431，右侧来自 J197）
3	未使用	6	数字信号输出， PWM 信号 （右和左用于 J197）

注：J43—大灯照程调节控制单元

　　J197—水平调节控制单元

后桥水平传感器如图 2-65 所示。

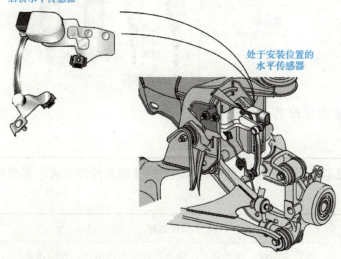

图 2-65　后桥水平传感器

4）指示灯 K134（见图 2-66）。

在 15 号线接通时亮 1 s（自检）。

在出现相应系统故障或系统已关闭时常亮。

在进行系统基本设定过程中或没有成功地完成基本设定时常亮。

在底盘非常低或非常高时闪烁。

在进行执行元件诊断过程中闪烁。

5）气动原理图（见图 2-67）。

图 2-66　指示灯 K134

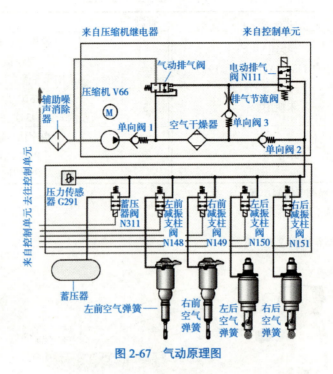

图 2-67 气动原理图

任务 4.2 重新匹配悬架默认位置

1. 工作表

（1）根据提示补充重新匹配悬架默认位置的步骤及操作方法，完成后在后面对应的方框内打√。

步骤	操作方法	是否完成	
连接诊断仪	打开诊断仪，连接蓝牙，输入正确的车辆信息，开启诊断	□ 是	□ 否
选择控制单元模块	打开控制单元列表，选择_____，开启引导型功能，执行_____，阅读完成提示信息，打开点火开关。	□ 是	□ 否
选择车辆对应安装的行驶系统	打开后备厢，取出备胎，读取_____，确认该车辆对应安装的行驶系统。继续操作，确认进行匹配前的注意事项	□ 是	□ 否
启动自适应悬架	利用基本设置启动自适应悬架	□ 是	□ 否
清除自适应悬架校准	利用基本设置清除自适应悬架校准	□ 是	□ 否
设置基准高度	利用基本设置设置基准高度	□ 是	□ 否

续表

步骤	操作方法	是否完成
测量记录四个车轮位置的高度	参考"设置说明"文件测量并记录四个车轮位置的高度，然后根据程序步骤的提示，依次输入对应位置悬架的高度数值：_____，再次检查确认输入值是否正确	□是 □否
校准自适应悬架	利用基本设置校准自适应悬架	□是 □否
对比高度值	测量四个车轮位置的实际高度 I，与该车辆的前后轴高度标准值作比较，满足_____的公差要求，即可点"完成继续"	□是 □否
关闭空气弹簧车轮更换	在MMI中选择汽车系统，关闭空气弹簧车轮更换。完成自适应悬架匹配默认位置	□是 □否

技师签字：　　　　　　　　　　　　　　　　年　　月　　日

2. 参考信息

2-5 操作视频二维码

三、参考书目

序列	书名，材料名称	说明
1	《汽车行驶与操纵系统检修（第二版）》，焦传君主编	北京理工大学出版社
2	车辆保养手册、车辆维修手册	依车型而定

学生笔记：

_____
_____
_____
_____
_____
_____

任务5 排除车辆空气悬架故障灯点亮

一、任务信息

任务难度		中级	
学时	4学时	班级	
成绩		日期	
姓名		教师签名	
案例导入	2017年奥迪A6 all-road旅行车，行驶2.5万km。用户反映：该车仪表板中出现"'空气悬架'系统故障，可继续慢速行驶（最大速度60 km/h）"的文本提示，并且车身存在明显下沉现象。需要专业维修人员进一步检测故障原因		
能力目标	知识	能够识读车辆空气悬架控制单元电路图，结合系统元件组成，分析并排除故障	
	技能	能够更换空气悬架相关阀体、继电器和保险等元件	
	素养	能够与团队成员协作完成任务； 能够具备操作安全意识	

二、任务流程

（一）任务准备

进行空气悬架故障的排除，需要知道哪些相关信息？请查看下图二维码进行学习。（放置内容：系统排气和充气，最终控制诊断）

系统排气和充气

最终控制诊断

（二）任务实施

任务 5.1　确认故障现象，应用诊断仪读取故障

1. 工作表

请根据客户的描述确定故障现象。		
（1）	☐ 正常	☐ 不正常
（2）	☐ 正常	☐ 不正常
（3）	☐ 正常	☐ 不正常

2. 参考信息

任务 5.2　分析故障原因，根据空气悬架系统的元件组成，分析可能的故障现象

1. 工作表

（1）与故障相关的性能检测。

选用的设备/工具：_____；检测部件/系统：_____。

检测项目	监测数据	判定
		☐ 正常　☐ 异常
		☐ 正常　☐ 异常
		☐ 正常　☐ 异常
分析说明	故障部件： 故障原因：	

（2）与故障现象相关的电路检测。

选用的设备/工具：_____；检测部件/系统：_____。

部件电路编号	线路区间	监测数据	判定
			☐ 正常　☐ 异常
			☐ 正常　☐ 异常
			☐ 正常　☐ 异常
分析说明	故障线路/部件： 故障原因：		

（3）其他：_____。

选用的设备/工具：_____；检测部件/系统：_____。

部件电路编号	线路区间	监测数据	判定
			□ 正常　□ 异常
			□ 正常　□ 异常
			□ 正常　□ 异常
分析说明	故障线路/部件： 故障原因：		

（4）列出你的维修任务计划并执行，排除故障。

_____
_____
_____
_____
_____
_____

（5）总结故障排除过程中的问题与不足。

_____
_____
_____
_____

2. 参考信息

（1）相关车辆自学手册。

（2）相关车辆电路图。

A6 水平高度调节传感器 - 电路图

三、参考书目

序列	书名，材料名称	说明
1	《汽车行驶与操纵系统检修（第二版）》，焦传君主编	北京理工大学出版社
2	维修手册和电路图	依车型而定

学生笔记：

模块三

转向系统的检测与维修

学习任务与能力矩阵

任务	能力
任务1 转向系统保养与维护	能区分转向系统类型； 能对转向系统进行日常检查与维护
任务2 更换转向横拉杆球头	能安全规范地更换转向系统部件
任务3 排除液压助力转向沉重	能分析液压助力转向系统故障原因； 能排除液压助力转向系统沉重故障
任务4 排除电动助力转向故障	能分析电动助力转向系统故障原因； 能排除电动助力转向系统故障

任务 1　转向系统保养与维护

一、任务信息

任务难度		初级	
学时	4 学时	班级	
成绩		日期	
姓名		教师签名	
案例导入	客户的车辆进行 3 万 km 保养，请你对该车转向系统进行检查		
能力目标	知识	能描述转向系统的作用，区分转向系统类型，指出转向系统部件并说明作用	
	技能	能够对转向系统进行检查	
	素养	具有安全意识； 具有环保意识	

二、任务流程

（一）任务准备

车辆 3 万 km 保养时，转向系统的检查项目都有哪些？需要用到哪些工具？请查看下图二维码进行学习。

视频：转向系统基本检查

（二）任务实施

任务1.1 确定转向系统需要的检查项目

1. 工作表

（1）该车型转向系统属于哪种类型？

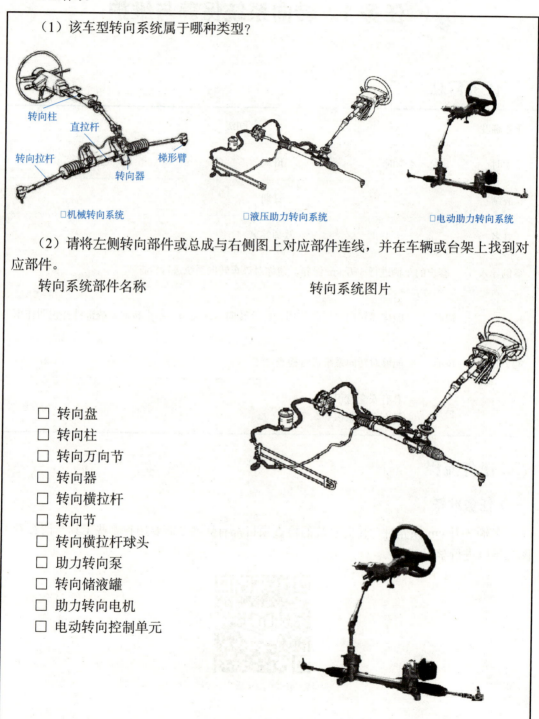

□机械转向系统　　□液压助力转向系统　　□电动助力转向系统

（2）请将左侧转向部件或总成与右侧图上对应部件连线，并在车辆或台架上找到对应部件。

转向系统部件名称　　　　　　　　转向系统图片

□ 转向盘
□ 转向柱
□ 转向万向节
□ 转向器
□ 转向横拉杆
□ 转向节
□ 转向横拉杆球头
□ 助力转向泵
□ 转向储液罐
□ 助力转向电机
□ 电动转向控制单元

（3）请查阅资料，确定该车转向系统检查项目。
_____
_____
_____

　　（4）请查阅资料，确定检查所需工具。
_____
_____
_____

技师签字：　　　　　　　　　　　　　　　　　年　　月　　日

2. 参考信息

（1）汽车转向系统的功用。

汽车在行驶中，经常需要改变行驶方向。并且当汽车直线行驶时，往往转向轮也会受到路面侧向干扰力的作用，自动偏转而改变行驶方向。此时，驾驶员需利用一套机构，保证汽车能按照驾驶员的需要改变行驶方向，而且还可以克服路面横向干扰使车轮自行产生的转向，恢复汽车原来的行驶方向。这一套用来改变或恢复汽车行驶方向的专设机构即称为汽车转向系统。

（2）转向系统的分类。

转向系统可按转向能源的不同分为机械转向系统和动力转向系统两大类。机械转向系统以驾驶员的体力作为转向能源，又称为人力转向系统，其中所有传力件都是机械的，结构如图3-1所示。动力转向系统是兼用驾驶员体力和发动机动力为转向能源的转向系统。在正常情况下，汽车转向所需能量只有一小部分由驾驶员提供，而大部分是由发动机通过转向加力装置提供的。但在转向加力装置失效时，一般还应当能由驾驶员独力承担汽车转向任务。因此，动力转向系统是在机械转向系统的基础上加设一套转向加力装置而形成的，如图3-2所示。

转向系统根据动力能源形式的不同可以分为液压式、气压式和电动式三种类型。

（3）转向系统的组成。

汽车转向系统包括转向操纵机构、转向器和转向传动机构三个基本组成部分。转向操纵机构是驾驶员操纵转向器的工作机构，主要由转向盘、转向轴、转向管柱等组成。转向器是将转向盘的转动变为转向摇臂的摆动或齿条轴的直线往复运动，并对转向操纵力进行放大的机构。转向器一般固定在汽车车架或车身上，转向操纵力通过转向器后一般还会改变传动方向。转向传动机构是将转向器输出的力和运动传给车轮（转向节），并使左右车轮按照一定关系进行偏转的机构，如图3-3所示。

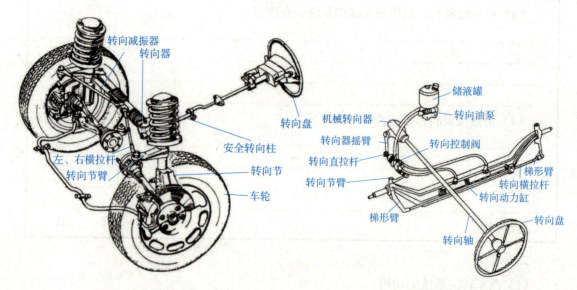

图 3-1 轿车机械转向系统示意图　　图 3-2 动力转向系统示意图

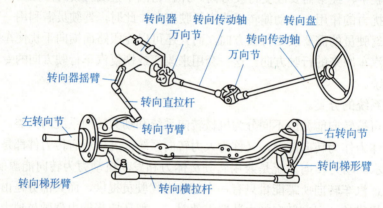

图 3-3 机械转向系统示意图

任务 1.2　检查与维护转向系统

1. 工作表

（1）安装车辆防护。（完成后在□内打√）

车外：□翼子板防护罩　　□前格栅防护罩

车内：□方向盘套　　□座椅套　　□换挡杆套　　□脚垫

（2）检查方向盘自由行程。（完成后在□内打√）

□ 安装并打开尾气排放装置，起动发动机（机械转向系统无须起动发动机）

□ 转动转向盘使前轮处于直线行驶位置

□ 轻轻移动转向盘，在转向轮就要开始转动时，使用直尺测量转向盘外缘的转动量

　　　　　　　　测量值：_____，标准值：_____。

　　　　　　　　　　　　　结论：□ 正常　　□ 不正常

(3) 检查转向盘转动阻力。（完成后在□内打√）
结论：□ 正常　　□ 不正常
(4) 检查转向传动机构。（完成后在□内打√）
　□ 调整车辆支点
　□ 举升车辆，并安全锁止
　□ 转向传动机构是否弯曲、损坏　　结果：□ 是　　□ 否

　□ 防尘罩是否有裂纹或破损　　　　结果：□ 是　　□ 否

　□ 检查是否松动或摆动　　　　　　结果：□ 是　　□ 否
　　　　　　　　　　　　　　　结论：□ 正常　　□ 不正常

(5) 检查转向器。
　□ 调整车辆支点
　□ 举升车辆，并安全锁止
　□ 检查转向器是否有润滑脂或者润滑油渗漏发生
　　　　　　　　　　　　　　　结果：□ 有　　□ 无
　□ 转动轮胎使转向盘向左和向右转
　□ 检查齿条护套是否有裂纹或者破损　结果：□ 有　　□ 无
　　　　　　　　　　　　　　　结论：□正常　　□不正常

(6) 检查转向油罐液面高度。
　□将车辆停放在平坦的路面上
　□使前轮处于直行位置
　□ 连接尾气排放装置
　□ 起动发动机，怠速运转 2 min
　□ 左、右转动转向盘数次
　□ 转向盘回到中间位置
　□ 关闭发动机
　□转向油罐的液面高度，是否位于 MAX 与 MIN 之间；
　　　　　　　　　　　　　　　结果：□ 是　　□否
　　如果低于 MIN，应加至上限，即 MAX 位置
　□检查发动机运行和停止时的液位偏差是否在 5 mm 以内
　　　　　　　　　　　　　　　结果：□ 是　　□否
　□检查液体是否起泡或者乳化　　结果：□ 是　　□否
　　　　　　　　　　　　　　　结论：□正常　　□不正常

(7) 检查助力转向管路，并在下图对应位置标记结果。
⚠：举升车辆后要安全锁止；发动机起动后进入车辆底部检查时，注意高温！

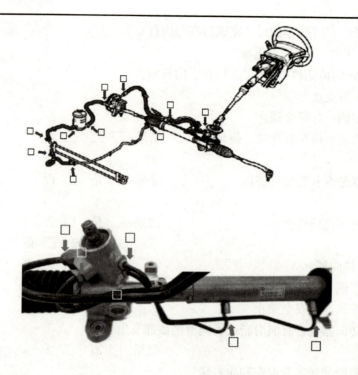

（8）检查结果汇总，请将检查结果不正常的项目进行汇总，并给出处理意见。

检查结果问题项	处理意见

（9）现场整理。
□ 清洁、清点工具
□ 整理车辆防护
□ 放置车轮挡块
技师签字：　　　　　　　　　　　　　　　　　年　　月　　日

2. 参考信息

（1）转向盘自由行程检查。

汽车转向系统各连接零件之间和传动副之间，都存在装配间隙。当汽车直线行驶时，转动转向盘首先需要消除这些间隙并克服机件的弹性变形才能使车轮开始偏转，转向盘转过的角度称为转向盘自由行程。转向盘自由行程对于缓和路面冲击及避免驾驶员过度紧张是有利的。一般规定转向轮处于直线行驶,转向盘向左、向右的自由行程不超过15°。当零件磨损、转向盘自由行程大于规定值时,必须进行调整或换件。转向盘自由行程的大小主要是通过调整转向器传动副的啮合间隙和轴承间隙来实现的。因此,转向器一般都设有传动副啮合间隙和轴承间隙调整装置。

检查方法:
① 起动发动机(机械转向系统无须起动发动机)。
② 转动转向盘使前轮处于直线行驶位置。
③ 轻轻移动转向盘,在转向轮就要开始转动时(或感觉到阻力时),使用直尺测量转向盘外缘的转动量。一般为 15~20 mm,如图 3-4 所示。
④ 如果不符合要求,应该检查转向器间隙、调整转向球头销等。

(2) 转向盘转动阻力的检查。

转向盘转动阻力的检查可以用经验法。用右手拇指和食指捏住转向盘外边缘,轻轻地向顺时针和逆时针两个方向转动,如果转动不吃力,说明阻力正常。也可以用弹簧秤勾住转向盘副和外边缘交合点处进行测量,如图 3-5 所示。

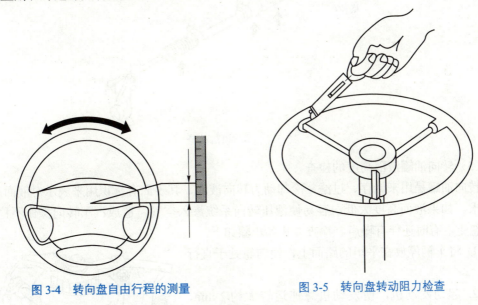

图 3-4 转向盘自由行程的测量　　图 3-5 转向盘转动阻力检查

$$转动阻力 = M/r$$

式中,M 表示转动力矩;r 表示转向盘半径。

(3) 转向传动机构的检查。
① 目视检查。目视检查转向传动机构是否弯曲、损坏,防尘罩是否有裂纹或破损。
② 松动、摆动检查。用手摇晃转向传动机构,检查是否松动或摆动。
③ 转向横拉杆的检查。检查横拉杆是否弯曲,必要时校正;检查调整螺栓有无乱纹现象。转向横拉杆球头销的检查如图 3-6 所示,检查转向横拉杆内、外球接头(球头销)的转动力矩和摆动力,用弹簧秤检查内、外球头销的摆动力,分别应为 (5.9~51) N 和 (6.9~64.7) N。用扭力扳手检查转向横拉杆外球头销的轴向间隙应力,转动力矩应在

（0.3~4.0）N·m。若达不到要求，则应更换球头销。

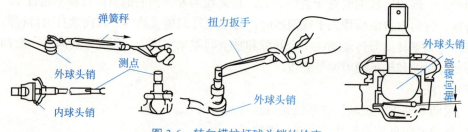

图 3-6　转向横拉杆球头销的检查

（4）转向器的检查。

检查转向器是否有润滑脂或者润滑油渗漏发生，转动轮胎使转向盘向左和向右转，检查齿条护套是否有裂纹或者破损，如图 3-7 所示。

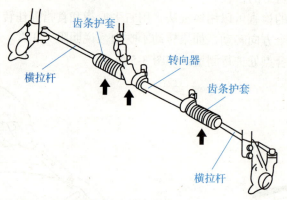

图 3-7　转向器的检查

（5）转向油罐液面高度的检查。

转向油罐是用来储存、过滤、冷却动力转向液的，其表面有标识用来表示对液面高度的要求。如果液面高度太低，容易使液压转向系统渗入空气，造成汽车转向操作不稳定，忽轻忽重，有时还伴有噪声。检查方法和步骤如下：

① 将车辆停放在平坦的路面上，使前轮处于直行位置。

② 起动发动机，使发动机怠速运转大约 2 min，左、右转动转向盘数次，以便使油温上升到 40~80℃，然后将转向盘回到中间位置，关闭发动机。

③ 观察转向油罐的液面高度，此时液面应处于"MAX"（上限）与"MIN"（下限）之间，液面低于下限时，应加至上限，即"MAX"位置，如图 3-8 所示。

④ 检查发动机运行和停止时的液位偏差是否在 5 mm 以内。同时检查液体是否起泡或者乳化。

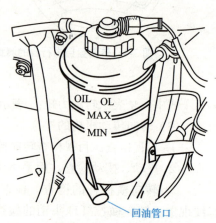

图 3-8　助力转向油罐液面高度的检查

（6）助力转向管路检查。

对于液压助力转向系统，需要检查转向系统管路密闭性，并检查管路是否有老化裂纹。密闭性检查主要针对管路接头处是否有松动和泄漏，如图 3-9 和图 3-10 所示。

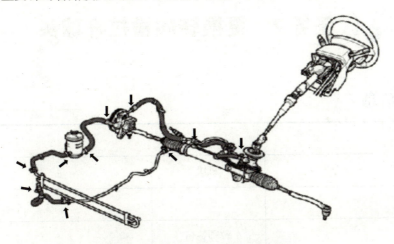

图 3-9　液压助力转向系统密闭性检查

图 3-10　液压转向器密封检查

三、参考书目

序列	材料名称	说明
1	《汽车行驶与操纵系统检修（第二版）》，焦传君主编	北京理工大学出版社
2	车辆保养手册、车辆维修手册	依车型而定

学生笔记：

任务 2 更换转向横拉杆球头

一、任务信息

任务难度	初级		
学时	8 学时	班级	
成绩		日期	
姓名		教师签名	
案例导入	一位客户向服务顾问抱怨方向盘松弛、有响声，并伴有轻微车辆跑偏现象。经维修技师检查发现转向横拉杆外侧球头有损坏漏油，现需要对此车辆更换左侧转向横拉杆球头		
能力目标	知识	能说出转向系统部件结构特点及功能；能查阅资料，制订转向系统部件更换计划	
	技能	能规范安全地更换转向系统部件	
	素养	具有安全意识； 具有规范意识； 具有团队意识	

二、任务流程

（一）任务准备

当车辆出现转向有间隙，且有异响、轻微跑偏时，需要对转向系统的机械部件进行检查，如存在问题需要更换或维修。如何更换转向系统部件？需要用到哪些工具？请查看下图二维码进行学习。

视频：更换转向横拉杆球头

(二) 任务实施

任务 2.1 指出转向系统主要部件及特点

1. 工作表

（1）请在台架或车辆上找到转向系统部件。（如有请在□内打√）

- □ 转向盘
- □ 转向柱
- □ 转向万向节
- □ 转向器
- □ 转向横拉杆
- □ 转向摇臂
- □ 转向梯形臂
- □ 转向油泵
- □ 转向电机
- □ 转向直拉杆

（2）实训车辆或台架转向器的类型。（请在对应□内打√）

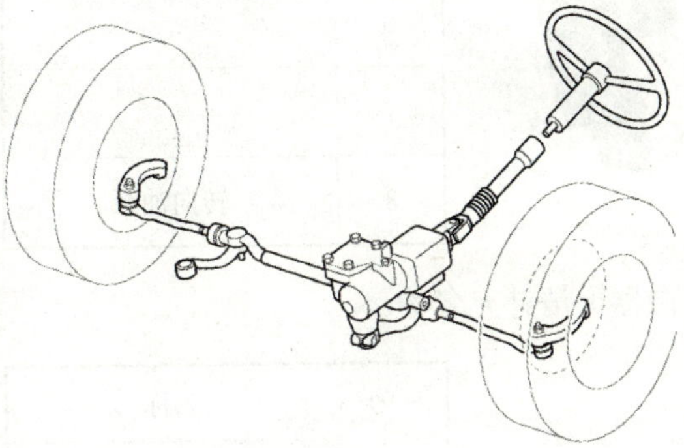

□ 循环球式转向器 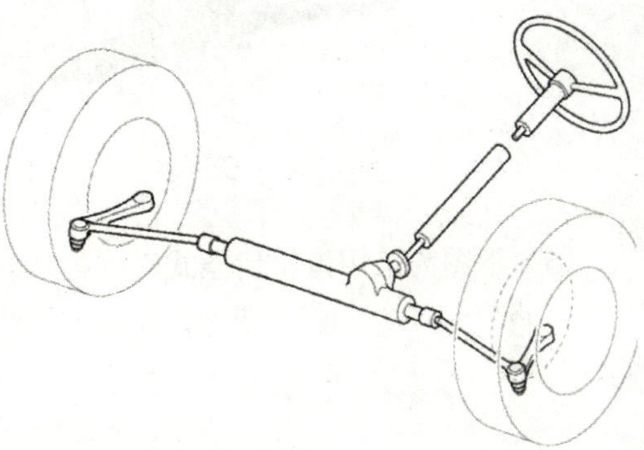　　　　□ 齿轮齿条式转向器

（3）下图为采用循环球式转向器的转向系统，请补充名称。

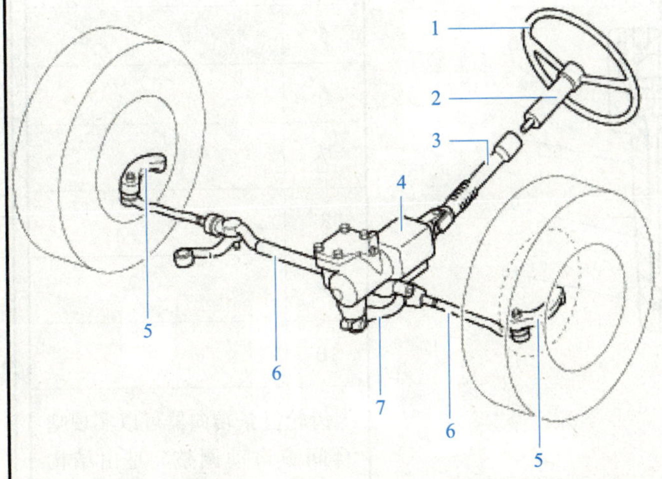

序号	名称
1	
2	
3	
4	
5	
6	
7	

（4）下图为采用齿轮齿条式转向器的转向系统，请补充名称。

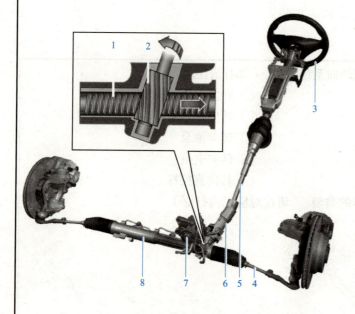

序号	名称
1	
2	
3	
4	
5	
6	
7	
8	转向油泵

（5）下图为采用齿轮齿条式转向器的转向器，请补充名称。

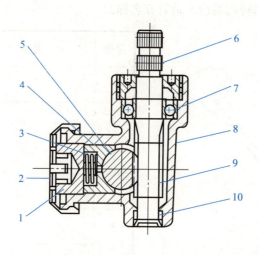

序号	名称
1	
2	
3	
4	
5	
6	
7	
8	
9	
10	
齿轮齿条转向器可以实现啮合间隙自动调整，是由结构_____、_____、_____实现的。	

（6）下图为转向传动机构，请补充完整名称。

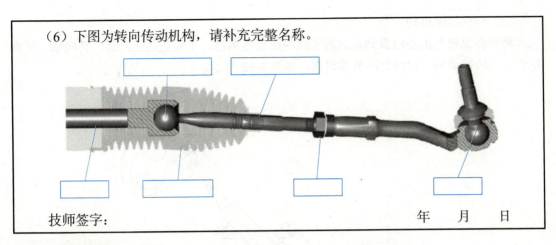

技师签字：　　　　　　　　　　　　　　　　　年　　月　　日

2. 参考信息

（1）转向系统组成（见图3-11）。

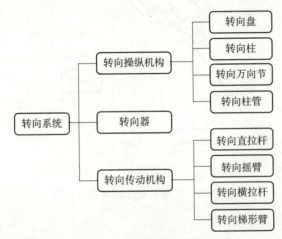

图3-11　转向系统组成

汽车转向系统主要由转向操纵机构、转向器和转向传动机构三部分组成。动力转向系统还包括一套助力装置。转向操纵机构的功用是产生转动转向器所必需的操纵力，并具有一定的调节和安全性能。

转向器是转向系统中减速增扭的传动装置，其功用是增大由转向盘传到转向节的力，并改变力的传递方向。

转向传动机构的功用是将转向器输出的力和运动传给转向轮，使两侧转向轮偏转角按一定关系变化，以实现汽车顺利转向。

拓展：转向运动规律

（2）转向操纵机构。

转向操纵机构由转向盘到转向器之间的所有零部件，主要包括转向盘、转向轴、转向柱管、转向传动轴、转向万向节等组成，如图3-12所示。

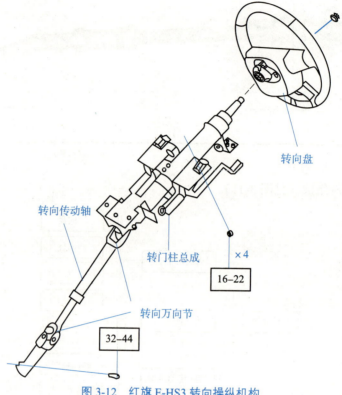

图3-12 红旗E-HS3转向操纵机构

① 转向盘。

转向盘由塑料制成，内有钢制骨架，通过花键将转向盘花键毂与上转向轴相连，用螺母固定，如图3-13所示。转向盘上还集成安装有安全气囊、多功能控制开关等。

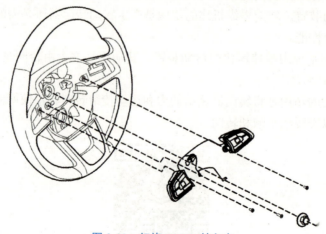

图3-13 红旗E-HS3转向盘

② 转向柱

为了保证驾驶员的安全，同时也为了更加舒适、可靠地操纵转向系统，现代汽车（特别是乘用车）通常在转向操纵机构上增设相应的安全、调节装置。这些装置主要反映在转向轴和转向柱管的结构上，将转向轴和转向柱管统称为转向柱。安全式转向柱有可分离式和缓冲吸能式，其中缓冲吸能式现在应用较为广泛。

缓冲吸能式转向操纵机构从结构上能使转向轴和转向柱管在受到冲击后，轴向收缩并吸收冲击能量，从而有效地缓和转向盘对驾驶员的冲击，减轻其所受伤害的程度。汽车撞车时，首先车身被撞坏（第一次碰撞），转向操纵机构被后推，从而挤压驾驶员，使其受到伤害；其次，随着汽车速度的降低，驾驶员在惯性力的作用下前冲；再次，与转向操纵机构接触（第二次碰撞）而受到伤害。缓冲吸能式转向操纵机构对这两次冲击都具有吸收能量、减轻驾驶员受伤害程度的作用。

缓冲吸能式有网状管柱变形式、钢球滚压变形式、波纹管变形吸能式三种形式，如图3-14 所示。

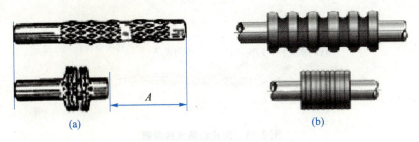

图 3-14　缓冲吸能式转向柱
(a) 网状管柱变形式; (b) 波纹管变形吸能式

（3）转向器。

转向器按传动副的结构形式可以分为齿轮齿条式、循环球式、蜗杆曲柄指销式、蜗杆滚轮式等几种。目前应用较广泛的有齿轮齿条式、循环球式。

齿轮齿条式转向器结构简单，可靠性好，质量轻，传动效率高。齿轮齿条直接啮合，转向灵敏，操纵轻便。不需要转向摇臂和转向直拉杆，转向传动机构得以简化。齿轮齿条啮合间隙可以自动调整，也便于独立悬架的布置，所以在各类型汽车上的应用越来越多。

齿轮齿条式转向器分中间输出式和两端输出式两种，现在乘用车采用较为广泛的是两端输出式，其结构原理如图3-15 所示。转向器主要由转向器壳体、转向齿轮、转向齿条等组成。转向器通过转向器壳体的两端用螺栓固定在车身（车架）上。齿轮轴通过球轴承、滚柱轴承垂直安装在壳体中，其上端通过花键与转向轴上的万向节（图中未画出）相连，其下部分是与轴制成一体的转向齿轮。转向齿轮是转向器的主动件，它与相啮合的从动件转向齿条水平布置，齿条背面装有压簧垫块。在压簧的作用下，压簧垫块将齿条压靠在齿轮上，保证二者无间隙啮合。调整螺塞可用来调整压簧的预紧力。压簧不仅起消除啮合间隙的作用，而且还是一个弹性支承，可以吸收部分振动能量，缓和冲击。转向齿条的两端（或中部）与左、右转向横拉杆连接。转动转向盘时，转向齿轮转动，与之相啮合的转向齿条沿轴向移动，从而使左、右转向横拉杆带动转向节转动，使转向轮偏转，实现汽车转向。

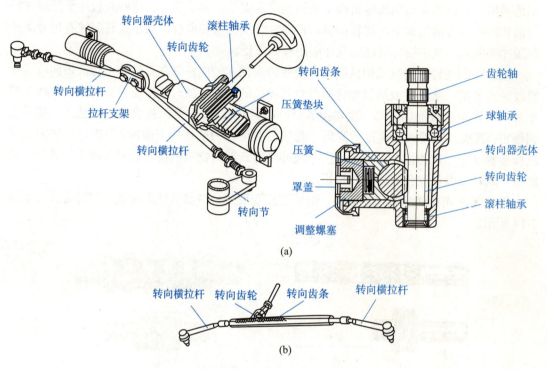

图 3-15　齿轮齿条式转向器
（a）中间输出式；两端输出式

拓展：转向器传动效率

拓展：循环球式转向器

（4）转向传动机构。

转向传动机构是指从转向器到转向节之间的所有零部件，因转向器和悬架类型不同，组成结构有所不同。

转向传动机构按照悬架的分类可分为与非独立悬架配用的转向传动机构和与独立悬架配用的转向传动机构两大类，如图 3-16 和图 3-17 所示。

① 与非独立悬架配用的转向传动机构。

与非独立悬架配用的转向传动机构如图 3-16 所示，它一般由转向摇臂、转向直拉杆、转向节臂、梯形臂和转向横拉杆等组成。各杆件之间都采用球形铰链连接，并设有防止松动、缓冲吸振、自动消除磨损后的间隙等的结构。

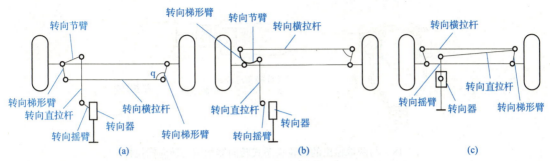

图 3-16 与非独立悬架配用的转向传动机构示意图

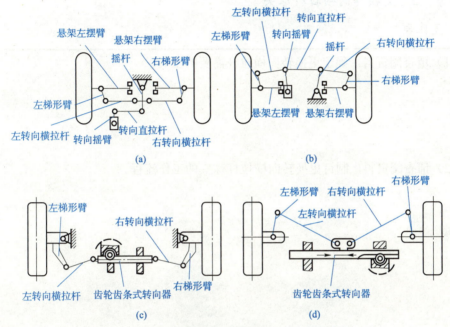

图 3-17 与独立悬架配用的转向传动机构示意图

拓展：与非独立悬架配用的转向传动机构

② 与独立悬架配用的转向传动机构。

当转向轮采用独立悬架时，每个转向轮相对于车架（或车身）做独立运动，转向桥也必须是断开式的。转向传动机构中的转向梯形也必须是断开式的，如图 3-17 所示。

若齿轮齿条式转向器为两端输出式，转向器齿条本身就是转向传动机构的一部分，转向横拉杆的内端通过球头与齿条铰接，外端通过球头销与转向节相连，如图 3-18 所示。当需要调前束时，松开锁紧螺母，转动横拉杆体，达到合理的前束值时，再将锁紧螺母锁死。

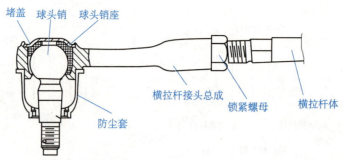

图 3-18 与两端输出的齿轮齿条式转向器配用的转向横拉杆

任务 2.2 更换转向横拉杆球头

1. 工作表

（1）请查阅资料，确定更换转向横拉杆需要的工具。

（2）请查阅资料，制订更换转向横拉杆球头的工作流程。

(3) 操作过程中潜在的危险有哪些，应该如何避免？

潜在危险	避免措施

(4) 执行任务，更换转向横拉杆球头。

操作步骤	标准/注意事项
□ 安装车辆防护 车外：□ 翼子板防护罩　　□ 前格栅防护罩 车内：□ 方向盘套　　□ 座椅套　　□ 换挡杆套　　□ 脚垫	
□ 预松车轮螺栓	□ 对角交叉拧松
□ 调整车辆支点 □ 举升车辆，并安全锁止	
□ 拆卸车轮	
□ 用记号笔在转向横拉杆锁紧螺母处做标记	
□ 松开锁紧螺母	
□ 拆卸横拉杆外球头固定螺栓卡簧（如有）	
□ 拆下横拉杆外球头固定螺栓	
□ 使用专用工具拆下转向横拉杆球头	
□ 拆下转向横拉杆球头	
□ 将新的横拉杆球头安装到转向横拉杆上，并旋转至标记处，用手旋紧锁紧螺母	□ 横拉杆球头要区分左右
□ 安装横拉杆球头的固定螺栓，并校准扭矩	标准扭矩：_____ N·m
□ 举升机解锁	
□ 车辆下降合适高度，安装车轮并预紧	□ 对角交叉拧紧
□ 继续下降车辆至地面，校准车轮螺栓力矩	标准扭矩：_____ N·m
□ 进行四轮定位后，校准转向横拉杆锁紧螺母	标准扭矩：_____ N·m

（5）现场整理。
□清洁、清点工具
□整理车辆防护
□ 放置车轮挡块
技师签字：　　　　　　　　　　　　　年　　月　　日

2. 参考信息

（1）转向横拉杆球头。

转向横拉杆球头需要区分左右，在备件上有标注，如图 3-19 所示。

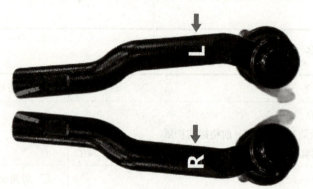

图 3-19　红旗转向横拉杆球头

（2）转向横拉杆。

在松开转向横拉杆球头锁紧螺母时，需用合适的工具固定住横拉杆球头。

如果转向横拉杆损坏，需连同横拉杆球头一起更换。

（3）橡胶防尘罩。

转动转向横拉杆调整前束时，不得扭曲橡胶防尘罩，需要松开防尘罩卡箍。

三、参考书目

序列	书名，材料名称	说明
1	《汽车行驶与操纵系统检修（第二版）》，焦传君主编	北京理工大学出版社
2	车型手册	依车型而定

学生笔记：

任务 3　排除液压助力转向沉重

一、任务信息

任务难度		高级	
学时	12学时	班级	
成绩		日期	
姓名		教师签名	
案例导入	一位客户向服务顾问抱怨，他的车辆方向特别沉，初步判断为助力转向系统出现问题，现需要排除转向系统故障		
能力目标	知识	能说明液压助力转向系统工作过程，列出液压助力转向系统沉重的故障原因，掌握液压助力转向系统检测项目及方法	
	技能	会对液压助力转向系统进行检测，能排除液压助力转向系统故障	
	素养	1. 服务意识； 2. 规范意识； 3. 环保意识	

二、任务流程

（一）任务准备

液压助力转向系统出现转向沉重故障，作为服务人员需要知道液压助力转向系统出现故障的原因、检测方法以及检测流程。请查看下图二维码进行学习。

视频：检测液压转向油压

思维导图：转向沉重故障排除流程

（二）任务实施

任务3.1　分析液压助力转向系统故障原因

1. 工作表

（1）实训用车辆或台架的转向系统类型为□　纯液压式□　电子液压式□　电动液压

（请在□内打√）

（2）相对机械转向，液压助力转向系统增加的结构有：

□ 转向控制阀　　　　　　□ 转向油泵
□ 动力缸　　　　　　　　□ 转向油罐
□ 活塞　　　　　　　　　□ 转向横拉杆
□ 转向器

（3）液压助力转向系统油泵的驱动方式有□ 发动机驱动□ 电动机驱动（请在对应□内打√）

（4）下图所示为液压助力转向系统，请找到对应的部件。

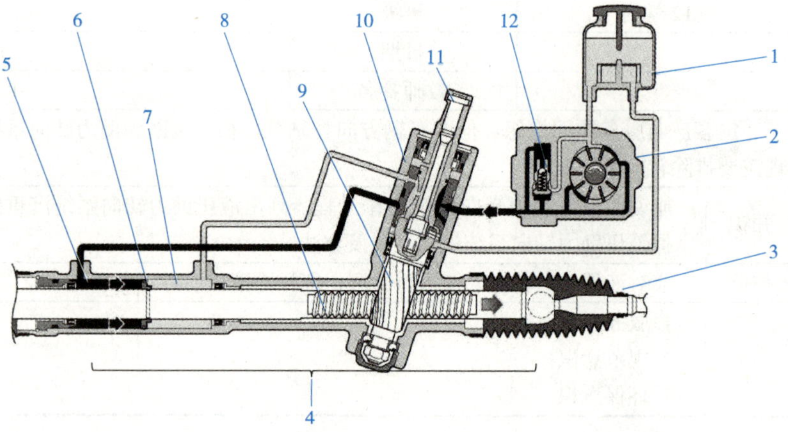

名称	序号	名称	序号
转向控制阀		油泵	
活塞		储液罐	
限压阀		转向主动齿轮	

（5）分析液压助力转向系统中可能会导致转向沉重的部件及故障形式。

名称	故障形式

（6）请梳理导致转向沉重的原因，形成思维导图。

一级故障点	二级故障点	三级故障点
例：转向助力不足	转向油液不足	油管泄漏

技师签字：　　　　　　　　　　　　　　　　　　　年　月　日

2. 参考信息

（1）动力转向系统。

动力转向系统是在驾驶员的控制下，借助于汽车发动机产生的液体压力或电动机驱动力对转向传动机构或转向器中某一传动件施加辅助作用力，使转向轮偏摆，以实现汽车转向的一系列装置。采用动力转向系统可以减轻驾驶员的转向操纵力。液压式根据不同阶段和配置有纯液压式、电子液压式、电动液压式等几种形式，区别如表 3-1 所示。

表 3-1　液压式转向助力区别

项目类型	纯液压式	电子液压式	电动液压式
油泵驱动方式	发动机	发动机	电动机
电子调压阀	无	有	无

拓展：电动液压助力转向系统

（2）动力转向系统组成。

动力转向系统在机械转向系统的基础上增加了转向油泵、转向油罐、转向控制阀、动力缸、活塞等组成，如图 3-20 所示。采用齿轮齿条式转向器的车辆将转向控制阀、动力缸和活塞集成，称为整体式动力转向器。

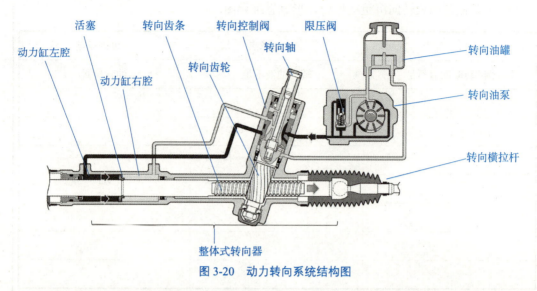

图 3-20 动力转向系统结构图

转向油泵安装在发动机上,由曲轴通过皮带驱动运转向外输出油压。转向油罐有进、出油管接头,通过油管分别和转向油泵及转向控制阀连接。转向控制阀的作用是改变油路。动力缸被活塞分成两个工作腔,右腔为右转向动力腔,左腔为左转向动力腔,它们分别通过油道和转向控制阀连接。限压阀为单向阀,当系统油压超过额定压力时,单向阀开启,实现泄压。

(3) 动力转向系统工作原理。

当汽车直线行驶时,转向控制阀将转向油泵泵出来的工作液与转向油罐相通,转向油泵处于卸荷状态,动力转向系统不工作。汽车左转向时,驾驶员逆时针转动方向盘,转向控制阀将转向油泵和动力缸左腔接通,同时将动力缸右腔和转向油罐接通。活塞的右侧为高压腔,左侧为低压腔,在高压油的作用下,活塞向左移动,推动齿条和横拉杆一起向左移动,横拉杆推动转向节臂使车轮向左偏摆,从而实现左转向。右转向则相反。

(4) 整体式动力转向器。

图 3-21 所示为齿轮齿条整体式动力转向器,活塞安装在转向齿条上,转向齿条的壳体相当于动力缸,动力缸活塞是齿条的一部分,齿条活塞两边的齿条套管被密封形成两个油液腔,连接左、右转向回路。控制阀安装在转向齿轮壳体内。转动方向盘时,旋转阀改变油液流量,在转向齿条两端形成压力差,使得齿条向压力低的方向移动,齿条相当于动力缸的推杆,从而减轻驾驶员加在方向盘上的力。

拓展:循环球整体式动力转向器

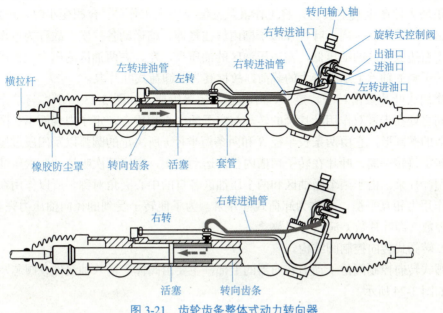

图 3-21 齿轮齿条整体式动力转向器

(5) 转向油泵。

转向油泵是动力转向中的主要能源,其作用是将发动机输入的机械能转化为液压能向外输出,动力转向油泵由发动机前端的皮带轮驱动。动力转向油泵常见为叶片泵,按其转子叶片每转一周的供油次数和转子轴的受力情况可以分为单作用式和双作用式两种,如图 3-22 和图 3-23 所示。

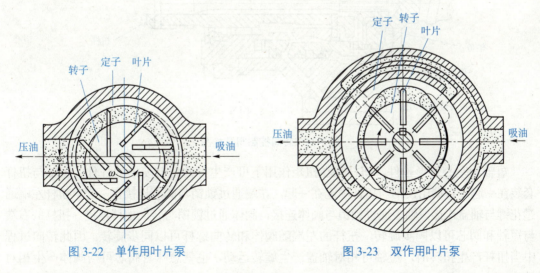

图 3-22 单作用叶片泵　　　　图 3-23 双作用叶片泵

单作用叶片泵主要由定子、转子及叶片等件组成,如图 3-22 所示。定子具有圆柱形内表面,转子上均布径向切槽。矩形叶片安装在转子槽内,并可在槽内滑动。矩形叶片两端与配油盘端面滑动配合,形成由转子外表面、定子内表面、叶片和配油盘组成的密封工作容积。转子和定子不同心,有一个偏心距 e,当转子旋转时,叶片靠自身的离心力贴紧定子的内表面,并在转子槽内做往复运动,使上述的工作容积由小变大、由大变小不断变化。容积增大,产生真空吸力,将工作液从油罐中吸入工作腔;容积变小时,产生油压,将油压出。转子每转一周,叶片在转子槽内做往复伸、缩运动各一次,故称为单作用叶片泵。由于右边吸油区的油压低,左边压油区的油压高,左、右两油区的压力差作用在转子上,使转子轴的轴承上承受较大的载荷,故称其为非卸荷式叶片泵。

双作用式叶片泵由转子、定子、叶片和端盖等组成,如图3-23所示。与单作用叶片泵的不同之处在于,双作用叶片泵的转子与定子的中心相重合,定子内表面不是圆形而是一个近似的椭圆形,它由两条长半径 R 和两条短半径 r 所决定的圆弧以及四段过渡曲线所组成。转子每转一周,叶片在转子切槽内往复运动两次,完成两次吸油和两次压油,故称为双作用叶片泵。由于两个吸油区和两个压油区各自的中心夹角对称,所以作用在转子上的油压作用力相互平衡,故称为卸荷式叶片泵。为了使转子受到的径向油压力完全平衡,工作油腔数(即叶片数)应当为偶数。

(6)转阀式转向控制阀结构。

转阀式转向控制阀位于动力转向器的上部,主要由阀体、输入轴组件、阀芯及密封件组成,如图3-24所示。

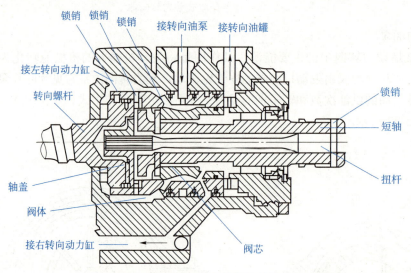

图3-24 转向控制阀结构图

短轴为空心管形轴件,扭杆是在扭矩作用下可产生弹性扭转变形的杆件。短轴与扭杆套装在一起,右端用锁销与扭杆固定在一起,左端通过锁销与阀芯连接在一起。扭杆左端通过花键与轴盖连接,轴盖通过锁销与阀体连接,阀体通过锁销与转向螺杆连接。扭杆的右端与短轴和阀芯可以同步旋转,扭杆的左端随阀体和转向螺杆可以同步旋转。因此转向过程中当扭杆产生扭转时,短轴可相对轴盖产生旋转运动,也就意味着阀芯可与阀体产生相对转动。

出油口与短轴和阀芯中间的回油腔相通,在控制阀壳体上开有L、R两条油道,L油道的一端与阀体的左侧环形油道相通,另一端与动力缸左腔相通;R油道的一端与阀体的右侧环形油道相通,另一端与动力缸的右腔相通。

拓展：控制阀阀芯结构　　　　拓展：控制阀阀体结构

（7）转阀式转向控制阀工作原理（见图3-25）。

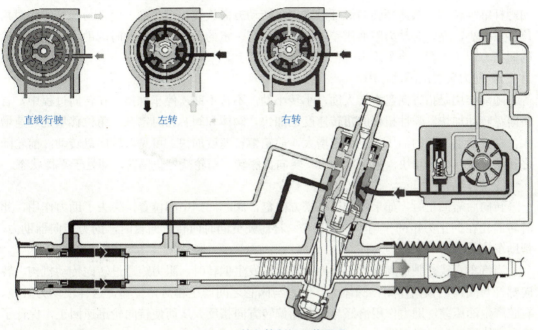

图3-25　转向控制阀工作原理

① 汽车直线行驶时。

当汽车直线行驶时，阀芯处于中间位置。来自转向油泵的工作液从转向器壳体的进油口流到阀体的中间环形油道中，经过其槽底的通孔进入阀体和阀芯之间，此时因阀芯处于中间位置，进入的油液分别通过阀体和阀芯纵槽和槽肩形成的两边相等的间隙，再通过阀芯的纵槽以及阀体的径向孔流向阀体外表面左、右环形油道，然后通过壳体中的两条油道分别流到动力缸的左、右腔中去。流入阀体内腔的油液在通过阀芯纵槽流向阀体左、右环形油道的同时，通过阀芯槽肩上的径向油孔流到转向螺杆和输入轴之间的空隙中，经阀体组件和调整螺塞之间的空隙流到回油口，经油管回到油罐中去，形成了常流式油液循环。此时，左、右腔油压相等且很小，齿条—活塞既没有受到转向螺杆的轴向推力，也没有受到左、右腔因压力差造成的轴向推力。所以齿条—活塞处于中间位置，动力转向器不工作。

② 汽车转弯时。

当汽车需要转向时，如左转弯，转动方向盘，使短轴逆时针转动（从右向左看），通过其左端锁销带动阀芯同步转动，这个扭矩也通过具有弹性的扭杆传给轴盖，轴盖通过锁销带动阀体转动，阀体通过锁销把转向力矩传给螺杆。由于转向阻力的存在，要有足够的转向力矩才能使转向螺杆转动。这个转矩促使扭杆发生弹性扭转，造成阀体的转动角度小于阀芯的转动角度，两者产生相对角位移。通右动力腔的进油缝隙减小或封闭，回油缝隙增大，油压降低；通左动力腔的进油缝隙增大而回油缝隙减小或关闭，油压升高，左、右动力腔产生油压差，齿条—活塞便在左、右动力腔油压差的作用下移动，产生助力作用。此时，来自转向油泵的压力流向动力缸左腔，动力缸右腔的油则流向阀芯和短轴之间的径向间隙中，最终流回储油罐。右转反之。

③ 方向盘处于某一转向角度时。

当方向盘停在某一位置不再继续转动时，液压力会推动齿条—活塞继续移动，促使转向螺杆继续转动，阀体随转向螺杆沿方向盘转动方向旋转一个角度，使其与阀芯的相对角位移量减小，左、右动力腔油压差减小，但仍有一定的助力作用。此时的助力转矩与车轮的回正力矩相平衡，使车轮维持在某一转向位置上。

④ 助力装置的随动作用。

随动作用是指方向盘大转大助，小转小助，不转不助，停车维持。在转向过程中，若转向盘转动加快，弹性扭杆的扭转速度也加快。阀体和阀芯相对错开，角位移量也迅速增大，左、右动力腔的油压差也相应增大，前轮偏转速度加快。可见，转向盘转动，前轮随之转动，转向盘转动快，前轮偏转快，转向盘停转，前轮就停止偏转，即处于平衡状态。

⑤ 转向后的回正。

转向后需回正时，如果驾驶员放松方向盘，阀芯回到中间位置，失去了助力作用，此时转向轮在回正力矩的作用下自动回位；若驾驶员同时回转方向盘时，助力转向器助力，帮助车轮回正。

当汽车直线行驶遇到外界干扰力使转向轮发生偏转时，阻力矩通过转向传动机构、转向螺杆与阀体的锁销作用在阀体上，使之与阀芯之间产生相对角位移，这样使动力缸左、右腔产生油压差，助力作用恰好与转向轮偏转方向相反。从而使转向轮迅速回正，保证了汽车直线行驶时的稳定性。

当助力转向装置失效时，该动力转向器即变成机械转向器。此时转动方向盘，带动短轴一起转动，短轴左端凸缘盘边缘有弧形缺口，转过一定角度后，通过螺杆右端凸缘盘的凸块带动螺杆旋转，以保证汽车转向。助力装置失效时，方向盘的自由行程明显加大，转向会比较沉重，应及时修理。

(8) 液压助力转向系统故障原因。

转向沉重原因有内部原因和外部原因。外部原因有胎压低、转向传动机构卡滞、转向节阻力大等。内部原因一般是液压助力转向系统失效或助力不足所造成的，其根本原因在于液压不足，主要原因有：

① 转向油罐缺油或油液不足。

② 液压回路中有空气渗入。

③ 油泵驱动皮带过松或打滑。

④ 各油管接头处密封不良或有泄漏。

⑤ 油路堵塞或滤清器污物太多。

⑥ 油泵磨损或内部泄漏严重。

⑦ 油泵安全阀或溢流阀泄漏、弹簧弹力减弱或调整不当。

⑧ 动力缸或转向控制阀密封不良。

任务 3.2 检测液压助力转向系统并排除故障

1. 工作表

（1）安装车辆防护（完成后在□内打√）。

车外：□ 翼子板防护罩　　□ 前格栅防护罩

车内：□ 方向盘套　　□ 座椅套　　□ 换挡杆套　　□ 脚垫

（2）检查助力转向系统泄漏情况（并在下图对应位置标记结果）。

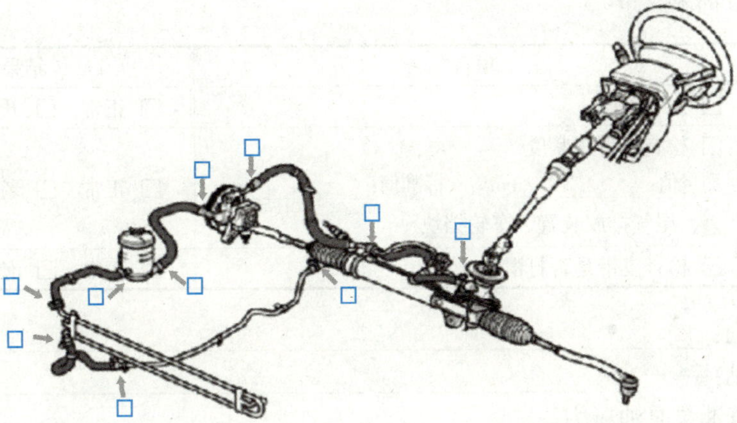

结　　论：

处理意见：

（3）检查助力转向系统管路状况。

序号	项目	结果
1	□ 检查 储液罐 至 散热器 管路	□ 正常　□ 老化　□ 变形
2	□ 检查 油泵 至 转向器 管路	□ 正常　□ 老化　□ 变形
3	□ 检查 转向器 至 储液罐 管路	□ 正常　□ 老化　□ 变形
4	□ 检查 储液罐 至 油泵 管路	□ 正常　□ 老化　□ 变形
5	□ 检查 转向器左腔 管路	□ 正常　□ 老化　□ 变形
6	□ 检查 转向器右腔 管路	□ 正常　□ 老化　□ 变形
7	□ 检查 转向器 至 散热器 管路（如有）	□ 正常　□ 老化　□ 变形

结　　论：

处理意见：

（4）检查助力转向油液位及油质。

序号	项目	结果
1	□ 系统排气 左右转动方向盘到锁止位置约 10 次	

续表

序号	项目	结果
2	□ 检查冷态油位	□ 正常 □ 不正常
3	□ 检查热态油位 ⚠ 尾气排放装置、车轮挡块	□ 正常 □ 老化 □ 变形
4	□ 检查油质	□ 正常 □ 泡沫 □ 乳化

结　　论：_____

处理意见：_____

（5）检查油泵皮带。

序号	项目	结果
1	□ 皮带状况	□ 正常 □ 开裂 □ 老化
2	□ 检查皮带张紧度 测量值：_____mm　标准值：_____mm ⚠ 尾气排放装置、车轮挡块	□ 正常 □ 老化 □ 变形
3	□ 检查皮带是否打滑	□ 正常 □ 泡沫 □ 乳化

结　　论：_____

处理意见：_____

（6）检查油泵泵油压力。

序号	项目	结果
1	□ 检查工具	□ 油压表 □ 管路夹具 □ 接油盘
2	□ 安装油压表 □ 用软管夹夹紧油泵软管 □ 将接油盘放置于车下 □ 断开转向泵压力管 □ 选用合适管路接头 □ 将油压表连接至管路中 □ 拆下供油和回油管软管夹 □ 起动发动机，若有必要向蓄液罐中添加助力转向液 □ 左右转动方向盘到锁止位置约 10 次	

续表

序号	项目	结果
3	□ 检查油压 发动机怠速，关闭切断阀，读取压力。 ⚠ ：不要超过 5 s 测量值：_____ 标准值：_____	□ 正常　□ 不正常

结　　论：_____

处理意见：_____

（7）故障是否排除？　□ 是　　　　□ 否

（8）如果未排除，接下来需要检测或维修的项目是：_____

_____。

（9）现场整理。

□清洁、清点工具

□整理车辆防护

□放置车轮挡块

技师签字：　　　　　　　　　　　　　　年　　月　　日

2. 参考信息

（1）助力转向油更换。

1）排空助力转向油。

① 拆下储液罐盖。

② 脱开助力转向回油管。

⚠ 提示：将助力转向油收集到容器中，根据法规进行报废处理。

③ 反复转动转向盘至左右极限位置，直至转向工作油排空。

2）加注助力转向油。

④ 连接助力转向回油管。

⑤ 添加专用助力转向油。

⚠ 提示：不同规格、不同品牌的助力转向油不能混加。

⑥ 需要反复转动方向盘至左右极限位置，直至转向工作油中空气排出。

⑦ 检查并确认助力转向油液位在 MAX 和 MIN 刻度线之间。

⚠ 提示：如果助力转向油液位低，需向储液罐内添加助力油至 MAX 线。

3）检查助力转向油是否泄漏。

（2）助力转向油泵传动带张紧力的检查。

用 98 N 左右的压力在传动带中部按下传动带，传动带的挠度应符合维修手册的规定。一般新更换传动带的挠度为 7~9 mm，正在使用的传动带挠度一般在 10~12 mm。

（3）液压助力转向系统压力检查（见图 3-26）。

① 将油压测试仪串联在动力转向器的进油管道上。

② 转动方向盘，使转向车轮向右转至极限位置。

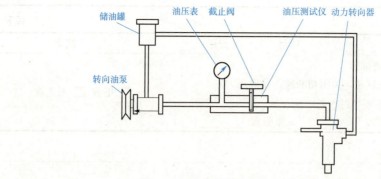

图 3-26 检查液压助力转向系统压力

③ 起动发动机，使其转速稳定在 1 500~1 600 r/min。

④ 关闭截止阀，油压表指示压力应符合原厂规定（一般不低于 7 MPa）。截止阀关闭时间不宜超过 10 s，以免对转向油泵造成不良影响。

三、参考书目

序列	书名，材料名称	说明
1	《汽车行驶与操纵系统检修（第二版）》，焦传君主编	北京理工大学出版社
2	维修手册	红旗 L5、宝来 2010

学生笔记：

任务 4　排除电动助力转向故障

一、任务信息

任务难度	高级	
学时	12 学时	班级
成绩		日期
姓名		教师签名
案例导入	一位客户向服务顾问抱怨，他的红旗 E-HS3 方向盘特别沉，在仪表上亮起 符号。初步判断为电动助力转向系统出现问题，需要排除电动助力转向系统故障	
能力目标	知识	能够说出电动助力转向系统优点，指出电动助力转向系统部件，掌握电动助力转向系统部件检测方法
	技能	能够检测电动助力转向系统部件，诊断并排除电动助力转向系统故障
	素养	具有环保意识； 具有服务意识； 具有安全意识

二、任务流程

（一）任务准备

电动助力转向系统出现故障提醒时，维修人员需要知道电动助力转向系统出现故障的原因，故障的诊断流程。请查看下图二维码进行学习。

思维导图：电动助力转向系统故障排除流程

（二）任务实施

任务 4.1　检测电动助力转向系统部件

1. 工作表

（1）请简述电动助力转向系统的优点。

_____

_____

_____

_____

（2）请在车辆或台架上找到电动助力转向系统以下部件，并说明功能。

☐ 转向电机　　　　　　　　☐ ABS 控制单元

☐ 转向控制单元　　　　　　☐ 轮速传感器

☐ 转向角度传感器　　　　　☐ 发动机控制单元

☐ 转向力矩传感器　　　　　☐ 网关

（3）补充电动助力转向系统工作原理框图。

（4）补充电动助力转向系统在不同情况下的工作状态。

状态	车速	转向角度	阻力	所需助力	转向电机电流
驻车	☐高 ☐中 ☐低	☐大 ☐小	☐大 ☐中 ☐小	☐大 ☐中 ☐小	☐大 ☐中 ☐小
城市道路	☐高 ☐中 ☐低	☐大 ☐小	☐大 ☐中 ☐小	☐大 ☐中 ☐小	☐大 ☐中 ☐小
高速公路	☐高 ☐中 ☐低	☐大 ☐小	☐大 ☐中 ☐小	☐大 ☐中 ☐小	☐大 ☐中 ☐小

（5）画出转向角电路图，并检查转向角传感器。

转向角电路图

检测项目	标准值
读取转向角度数据值： □ 点火开关置于"OFF" □ 连接诊断仪 □ 点火开关置于"ON" □ 读取转向角度数值 □ 读取转向角速度数值 □ 读取转向角度状态	 _____ _____
检查转向角传感器供电： □ 点火开关置于"OFF" □ 断开蓄电池负极端子 □ 断开转向角传感器连接器 □ 连接蓄电池负极端子 □ 点火开关置于"ON" □ 测量转向电机连接器 4#—车身接地电压	 _____ V　□ 正常　□ 不正常
检测转向角传感器线束： □ 点火开关置于"OFF" □ 断开蓄电池负极端子 □ 断开转向角传感器连接器 □ 测量转向盘转角传感器连接器 4#—IG1 电阻 □ 测量转向盘转角传感器连接器 1#—车身接地电阻 □ 测量转向盘转角传感器连接器 4#—1# 电阻	 _____ Ω　□ 正常　□ 不正常 _____ Ω　□ 正常　□ 不正常 _____ Ω　□ 正常　□ 不正常

续表

检测项目	标准值
检查转向角传感器熔断器电阻： □ 点火开关置于"OFF" □ 断开蓄电池负极端子 □ 拆下转向角传感器熔断器 □ 测量熔断器两端电阻	_____Ω □正常 □不正常
检测转向角传感器搭铁： □ 点火开关置于"OFF" □ 断开蓄电池负极端子 □ 断开转向角传感器连接器 □ 测量转向角传感器连接器 1#—车身接地电阻	_____Ω □正常 □不正常
□ 点火开关置于"OFF" □ 断开蓄电池负极端子 □ 断开底盘 CAN 总线上所有控制单元连接器 □ 测量转向角传感器连接器 2#—网关连接器 15# 电阻 □ 测量转向角传感器连接器 3#—网关连接器 7# 电阻	_____Ω □正常 □不正常 _____Ω □正常 □不正常

（6）重新标定转向角传感器，记录操作过程。

① 什么情况下需要重新标定转向角传感器？

② 需要重新标定转向角传感器的前提条件有哪些？

③ 请记录标定转向传感器的过程

（7）画出电动转向电机电路图，并检查电动转向电机。

电动转向控制单元电路图：

方法	标准值
检查转向电机供电： □ 点火开关置于"OFF" □ 断开蓄电池负极端子 □ 断开转向电机连接器 □ 连接蓄电池负极端子 □ 点火开关置于"ON" □ 测量转向电机连接器 1#—车身接地电压	_____V □ 正常 □ 不正常

续表

方法	标准值
检查转向电机熔断器： □ 点火开关置于"OFF" □ 断开蓄电池负极端子 □ 拆下转向电机熔断器 □ 测量熔断器两端电阻	_____ Ω □ 正常 □ 不正常
检测转向电机搭铁： □ 点火开关置于"OFF" □ 断开蓄电池负极端子 □ 断开转向电机连接器 □ 测量转向电机连接器 2#—车身接地电阻	_____ Ω □ 正常 □ 不正常

（8）画出电动助力转向控制单元电路图，并检查电动助力转向控制单元。

电动助力转向控制单元电路图：

方法	标准值
检查转向控制单元供电： □ 点火开关置于"OFF" □ 断开蓄电池负极端子 □ 断开电动助力转向控制单元连接器 □ 连接蓄电池负极端子 □ 点火开关置于"ON" □ 测量电动助力转向控制单元连接器 3#—车身接地电压	_____ V □ 正常 □ 不正常
检查转向控制单元熔断器： □ 点火开关置于"OFF" □ 断开蓄电池负极端子 □ 拆下转向控制单元熔断器 □ 测量熔断器两端电阻	_____ Ω □ 正常 □ 不正常

续表

方法	标准值
检查底盘 CAN 总线电阻： ☐ 点火开关置于"OFF" ☐ 断开蓄电池负极端子 ☐ 断开底盘 CAN 总线上所有控制单元连接器 ☐ 测量转向控制单元连接器 1#—网关连接器 7# 电阻 ☐ 测量转向控制单元连接器 2#—网关连接器 15# 电阻	_____ Ω ☐ 正常 ☐ 不正常 _____ Ω ☐ 正常 ☐ 不正常
技师签字：	年　月　日

2. 参考信息

（1）电动助力转向系统优点。

电动助力转向系统是动力转向的一种类型，是在机械转向的基础上增加了电动机实现助力。电动助力转向系统也叫电控机械式转向系统，简称 EPS。

电动助力转向系统相比液压助力转向系统有以下优点：

① 系统会根据行驶条件的不同为驾驶员提供助力转向。

② 具有主动回位功能。在转弯过后帮助方向盘回到中间位置，且直线行驶也会更加稳定。

③ 具有直线行驶修正功能。当车辆受到持续侧向风的作用或在倾斜路面上行驶时，直线行驶修正功能会产生一个转向助力，减轻驾驶员在直线行驶时的负担。

④ 节约空间，降低噪声，降低故障率。由于不使用液压系统，减少了油泵、储液罐、管路和动力缸等部件。

⑤ 更加环保。不使用液压油，减少了使用和维护过程中的环境污染。由于可以按需提供助力，减少了能源消耗，与我国的绿色发展理念相融合，有利于实现碳达峰和碳中和目标。

⑥ 适应未来汽车电动化发展趋势。汽车呈现"电动化，网联化，智能化，共享化"发展趋势，将没有发动机驱动油泵，最好的解决方案是电机直接助力。

拓展：碳达峰和碳中和

（2）电动助力转向系统组成。

电动助力转向系统包括机械转向系统和电控助力系统，如图 3-27 所示。其中，电控助力系统由电动机、传感器和控制单元等部分组成。

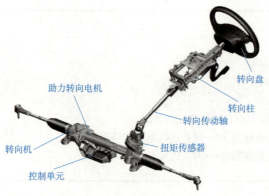

图 3-27 电动助力转向系统组成

（3）电动助力转向系统类型。

电动助力转向系统根据（电动机安装或）助力位置可分为转向柱助力式和转向机助力式，如图 3-28 所示；根据助力传动机构形式可分为蜗轮蜗杆式、齿轮齿条式和循环球式（也称滚珠丝杠式）。其中转向柱助力式应用蜗轮蜗杆形式较多，转向机助力式采用齿轮齿条式和循环球式较多。例如红旗 E-HS3 的电动助力转向系统电机安装在转向机。

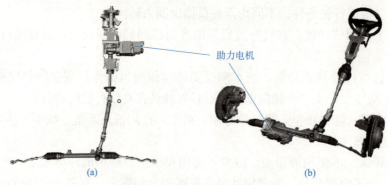

图 3-28 电动助力转向系统类型
（a）转向柱助力式；（b）转向机助力式

（4）电动助力转向系统工作原理。

电动助力转向系统工作原理如图 3-29 所示。电动助力转向控制单元获取转向角传感器、转向力矩传感器、车速传感器和发动机转速传感器的信号，处理分析后获得转向角度的大小、方向和速度，转向力矩大小、车速以及发动机是否处于运转状态，获得当前状态下是否需要助力、助力大小和方向，并计算出应该控制电机的电流大小和方向。最终控制单元控制电机运转，实现所需助力。

（5）电动转向控制逻辑。

1）驻车时的转向过程。驻车时，车速较低或为零，驾驶员大幅度转动方向盘，需要较大助力。控制单元根据较大的转向力矩、车速 0 km/h、发动机转速（>500 r/min）、较大的转向角、转向速度和控制单元内存储的特性曲线 $v=0$ km/h 计算出所需的较大转向助力，并相应地控制电机。

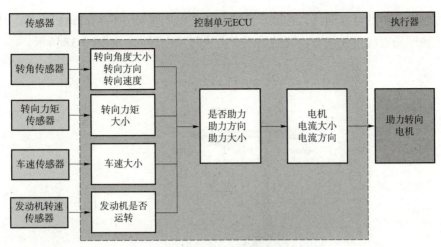

图 3-29 电动助力转向系统工作原理图

2)城区驾驶时的转向过程。在市内交通环境中转弯行驶时,车速中等、转向角度中等,需要中等助力。控制单元根据中等的转向力矩、车速 50 km/h、中等的转向角、转向速度和控制单元内存储的特性曲线 v=50 km/h 得出需要一个中等的转向助力,并相应地控制电机。

3)高速公路行驶时的转向过程。变换车道时驾驶员稍稍转动方向盘,需要较小助力。控制单元根据较小的转向力矩、车速 100 km/h、较小的转向速度和控制单元内存储的特性曲线 v=100 km/h 得出需要一个较小的转向助力或根本不需要转向助力,并相应地控制电机。

4)主动回位功能。如果驾驶员在转弯过程中减小转向力矩,扭力杆也会随之放松。结合减小的转向力矩、转向角和转向速度可以算出回转速度。与转向角速度进行比较,得出回位力矩。通过分析转向力矩、车速、发动机转速、转向角、转向速度和存储在控制单元中的特性曲线,控制单元计算出回位所需的电机力矩。然后控制电机产生一个转向助力,使车轮回到直线行驶位置,如图 3-30 所示。

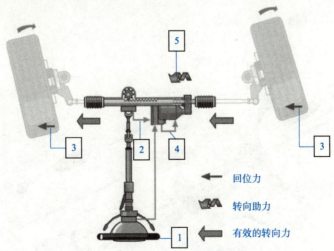

图 3-30 电动转向主动回位功能

5)直线行驶修正功能。车辆遭遇持续的侧向力(例如侧面来风),驾驶员转动方向盘,使车辆保持直线行驶状态。通过分析转向力矩、车速、发动机转速、转向角、转向速度和存储在控制单元中的特性曲线,控制单元计算出直线行驶修正所需的电机力矩,然后控制电机使车辆回到直线行驶状态,驾驶员不必再进行反向转向。如图 3-31 所示。

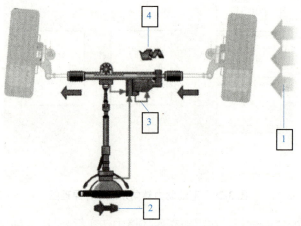

图 3-31　直线行驶修正功能

直线行驶修正功能有长时算法和短时算法两种状况。当车辆一些技术状况发生改变导致车辆跑偏时,需要长时算法对长时间偏离直线的行驶进行补偿,例如从夏季轮胎换到行驶过的(使用过的)冬季轮胎时会遇到这种情况。通过短时算法修正短时间的偏离情况,例如,在遇到持续侧面来风时就必须不断地反向转向。

(6)大众汽车电动助力转向系统。

大众汽车电动助力转向系统有转向柱助力式和转向机助力式。我们以 2016 款迈腾为例介绍其转向系统结构、功能。2016 款迈腾使用的转向器为 APA 转向器,即助力电机安装在转向器上,传动机构为齿形皮带循环球式,如图 3-32 所示。

1)系统组成。

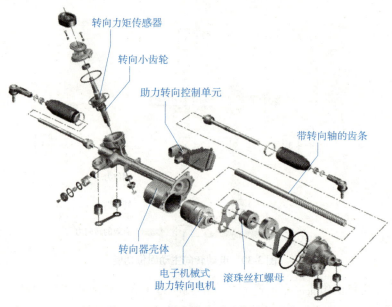

图 3-32　2016 款迈腾电动助力转向系统

转向力矩传感器安装在转向小齿轮上方，转向器控制端元集成了转向角传感器和温度传感器。轮速传感器和发动机转速传感器通过动力 CAN 从 ABS 控制单元和发动机控制单元获取，如图 3-33 所示。

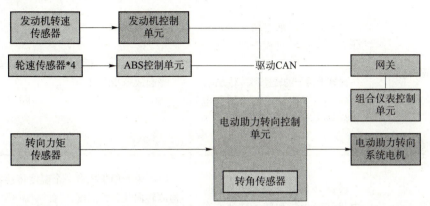

图 3-33　2016 款迈腾电动助力转向系统网络示意图

2）部件功能。

名称	功用	失效影响
转向角传感器	提供转向角度，控制单元计算出转向角度大小、转向方向和转向速度	如果传感器失灵，会启动紧急运行程序。用备用值替代缺少的信号，转向助力完全保留。 亮起黄色故障指示灯 关闭以下功能：主动回位功能、软件限位功能、直线行驶修正功能
转向力矩传感器	确定驾驶员施加的转向力矩	如果识别到故障，助力转向装置将被关闭。亮起红色故障指示灯
发动机转速传感器	通过发动机转速传感器确定发动机是否运转，确定是否应该提供助力	如果发动机转速传感器出现故障，那么转向系统通过接线端 15 运行。 牵引车辆时，如果车速超过 7 km/h，且点火开关打开，转向助力也会产生作用
车速	由 ABS 提供车速信号，与转向角度、转向力矩共同确定助力大小	如果车速信号失灵，将启动紧急运行程序，驾驶员将得到最大的转向助力。 亮起黄色故障指示灯
转向电机	受控制单元控制，提供助力。电机产生最大 4.5 N·m 的转向助力	电机发生故障时，不能产生转向助力

续表

名称	功用	失效影响
电机位置传感器	电机位置传感器用于确定转子在一次旋转过程中的绝对位置。 计算出转子的转速和转动方向。 确定电子机械式助力转向电机的具体位置	传感器失灵时,助力转向装置可以安全关闭。亮起故障指示灯
助力转向控制单元	根据转向角、发动机转速、电机转向力矩和转子转速、车速信号来确定当前所需的转向助力,计算出定子电流的电流强度和运行方向并操控电机	控制单元中集成有一个温度传感器,用于检测转向装置的温度。 当温度超过 100℃ 时,转向助力会不断降低。 如果转向助力下降至 60%,会亮起黄色指示灯

3)电路图(见图 3-34)。

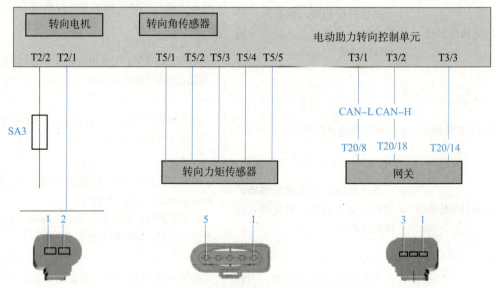

图 3-34　2016 款迈腾电动助力转向系统电路图

(7)红旗电动汽车电动助力转向系统。

电动汽车采用电动助力转向系统,以红旗 E-HS3 为例,如图 3-35、图 3-36 所示。电动助力转向系统包括电动助力转向控制单元、转向角传感器、电子稳定程序控制器、智能驾驶控制器、整车控制单元、网关控制器、T-BOX、智能前摄像头等。系统控制部件的连接关系如图 3-37 所示。

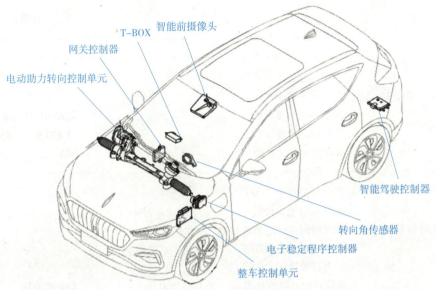

图 3-35 红旗 E-HS3 电动助力转向系统零部件位置图

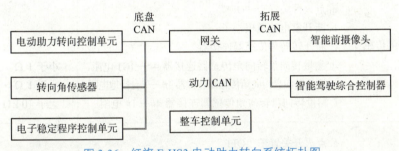

图 3-36 红旗 E-HS3 电动助力转向系统拓扑图

（8）电动助力转向系统检测。

1）转向角传感器。

转向角传感器电气图如图 3-37 所示，检测项目和方法如表 3-2 所示。

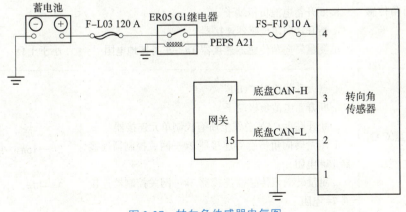

图 3-37 转向角传感器电气图

表 3-2　转向角传感器检测项目和方法

检测项目	方法	标准值
读取转向角度数据值	a. 点火开关置于"OFF" b. 连接诊断仪 c. 点火开关置于"ON" d. 读取转向角度数值 e. 读取转向角速度数值 f. 读取转向角度状态	 −780.0°~779.9° −1 433.5°~1 433.5°/s 0~3
检查转向角传感器供电	a. 点火开关置于"OFF" b. 断开蓄电池负极端子 c. 断开转向角传感器连接器 d. 连接蓄电池负极端子 e. 点火开关置于"ON" f. 测量转向电机连接器 4#—车身接地电压	蓄电池电压
检测转向角传感器线束	a. 点火开关置于"OFF" b. 断开蓄电池负极端子 c. 断开转向角传感器连接器 d. 测量转向盘转向角传感器连接器 4#—IG1 电阻 e. 测量转向盘转向角传感器连接器 1#—车身接地电阻 f. 测量转向盘转向角传感器连接器 4#—1# 电阻	 小于 1 Ω 小于 1 Ω 大于 10 kΩ
检查转向角传感器熔断器电阻	a. 点火开关置于"OFF" b. 断开蓄电池负极端子 c. 拆下转向角传感器熔断器 d. 测量熔断器两端电阻	小于 1 Ω
检测转向角传感器搭铁	a. 点火开关置于"OFF" b. 断开蓄电池负极端子 c. 断开转向角传感器连接器 d. 测量转向角传感器连接器 1#—车身接地电阻	小于 1 Ω
检查底盘 CAN 总线电阻	a. 点火开关置于"OFF" b. 断开蓄电池负极端子 c. 断开底盘 CAN 总线上所有控制单元连接器 d. 测量转向角传感器连接器 2#—网关控制器连接器 15# 电阻 e. 测量转向角传感器连接器 3#—网关控制器连接器 7# 电阻	 2#—15#，小于 1 Ω 3#—7#，小于 1 Ω

2）助力转向电机。

助力转向电机电气图如图 3-38 所示。助力转向电机连接器如图 3-39 所示。助力转向电机检测项目及方法如表 3-3 所示。

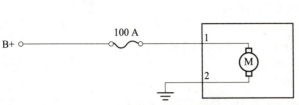

图 3-38　助力转向电机电气图

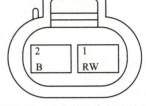

图 3-39　助力转向电机连接器

表 3-3　助力转向电机检测项目及方法

检测项目	方法	标准值
检查助力转向电机供电	a. 点火开关置于"OFF" b. 断开蓄电池负极端子 c. 断开助力转向电机连接器 d. 连接蓄电池负极端子 e. 点火开关置于"ON" f. 测量助力转向电机连接器 1#—车身接地电压	蓄电池电压
检查助力转向电机熔断器	a. 点火开关置于"OFF" b. 断开蓄电池负极端子 c. 拆下助力转向电机熔断器 d. 测量熔断器两端电阻	小于 1Ω
检测助力转向电机搭铁	a. 点火开关置于"OFF" b. 断开蓄电池负极端子 c. 断开助力转向电机连接器 d. 测量助力转向电机连接器 2#—车身接地电阻	小于 1Ω

3）电动助力转向控制单元。

电动助力转向控制单元电气图如图 3-40 所示。电动助力转向控制单元检测项目及方法如表 3-4 所示。

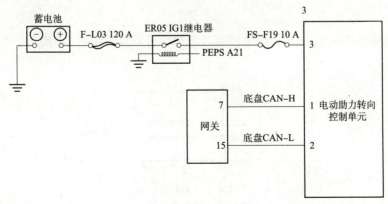

图 3-40　电动助力转向控制单元电气图

表 3-4 电动助力转向控制单元检测项目及方法

检测项目	方法	标准值
检查助力转向控制单元供电	a. 点火开关置于"OFF" b. 断开蓄电池负极端子 c. 断开电动助力转向控制单元连接器 d. 连接蓄电池负极端子 e. 点火开关置于"ON" f. 测量电动助力转向控制单连接器 3#—车身接地电压	蓄电池电压
检查助力转向控制单元熔断器	a. 点火开关置于"OFF" b. 断开蓄电池负极端子 c. 拆下助力转向控制单元熔断器 d. 测量熔断器两端电阻	小于 1 Ω
检查底盘 CAN 总线电阻	a. 点火开关置于"OFF" b. 断开蓄电池负极端子 c. 断开底盘 CAN 总线上所有控制单元连接器 d. 测量电动助力转向控制单元连接器 1#—网关控制器连接器 7# 电阻 e. 测量电动助力转向控制单元连接器 2#—网关控制器连接器 15# 电阻	1#—7#, 小于 1 Ω 2#—15#, 小于 1 Ω
检查控制单元非终端电阻	a. 点火开关置于"OFF" b. 断开蓄电池负极端子 c. 断开底盘 CAN 总线上所有控制单元连接器 d. 测量电动助力转向控制单元 1#—电动助力转向控制单元 2# 电阻	2.41 kΩ

4）网关。

网关控制器如图 3-41 所示。网关控制器检测项目及方法如图 3-5 所示。

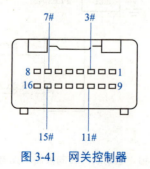

图 3-41 网关控制器

表 3-5　网关控制器检测项目及方法

检测项目	方法	标准值
检查网关控制器终端电阻	a. 点火开关置于"OFF" b. 断开蓄电池负极端子 c. 断开网关控制器连接器 d. 测量网关控制器 7#—网关控制器 15# 电阻 e. 测量网关控制器 3#—网关控制器 11# 电阻	 7#—15#，124 Ω 3#—11#，123 Ω

任务 4.2　诊断并排除电动助力转向系统报警故障

1. 工作表

(1) 安装车辆防护（完成后在□内打√）。
车外：□ 翼子板防护罩　　□ 前格栅防护罩
车内：□ 方向盘套　　□ 座椅套　　□ 换挡杆套　　□ 脚垫
(2) 确认故障现象。
观察车辆/台架仪表,电动转向故障指示灯□ 是　□ 否亮起,颜色为□ 红色　□ 黄色。
请打转向确认□ 是　□ 否有助力。
(3) □ 是　□ 否有其他故障指示灯亮起,如果有请记录：_____。
(4) 请根据以上故障现象,初步确定故障方向。
　　□ 助力转向系统故障
　　□ 其他控制单元故障
　　□ CAN 通信故障（动力 CAN 或诊断 CAN）
(5) 读取故障码。

□ 关闭点火开关 □ 连接诊断仪	
□ 进入电动助力转向控制单元 □ 否→ □ 能 ↓	如果不能进入到电动助力转向控制单元,可能原因有： □ 电动助力转向控制单元损坏 □ 电动助力转向控制单元供电故障 □ 电动助力转向控制单元搭铁故障 □ 电动助力转向控制单元 CAN 通信故障 □ 网关故障 能否进入网关（□ 能　□ 否） 如果不能进入网关,可能的原因有： □ 网关单元损坏 □ 网关供电故障 □ 网关搭铁故障 □ 诊断接口与网关间 CAN 通信故障 如果能进入网关,请记录故障码： 请尝试能否进入 ABS 控制单元
□ 读取故障码(□ 是　□ 否) 如果有故障码,请记录： 如果没有故障码,请分析可能原因：	

(6) 如果有故障码，请继续执行诊断，并记录过程和结果。

过程	结果

经过诊断，确定故障点为：_____。

(7) 如果没有故障码，请继续执行诊断，并记录过程和结果。

过程	结果

经过诊断，确定故障点为：_____。

(8) 维修后，清除故障码并再次读取故障码。

☐ 清除故障码

☐ 再次读取故障码

☐ 是　☐ 否　有故障码　　　　　　如有故障码，请记录：

(9) 确认故障现象是否排除（请在对应□内打√）。

观察车辆/台架仪表，电动助力转向故障指示灯 □ 是   □ 否 熄灭，颜色为 □ 红色   □ 黄色，请打转向确认 □ 是   □ 否 有助力。

(10) 现场整理。

□清洁、清点工具

□整理车辆防护

□ 放置车轮挡块

技师签字：　　　　　　　　　　　　　　　　　　　　年　　月　　日

2. 参考信息

(1) 电动助力转向系统故障症状表。

表 3-2　电动助力转向系统故障症状表

故障现象	可能发生部位
转向沉重	前轮胎充气不当 磨损不均匀，前轮定位不正确 前悬架（下球头） 转向柱及中间轴 蓄电池及电源系统 转向盘转向角传感器 转向机总成
左右转向力不一致或不平均	转向盘转向角传感器校准 前轮胎充气不当，磨损不均匀 前轮定位不正确 前悬架（下球头） 转向机总成
行驶时，转向力不随车速变化	前悬架（下球头） 电子稳定程序控制器 轮速传感器 转向盘转向角传感器校准 转向机总成
行驶时，转向力不随车速变化	转向盘与转向柱护罩 转向柱总成
行驶时，转向力不随车速变化	四轮定位 转向柱及中间轴 转向柱总成

(2) 电动助力转向系统故障诊断流程（见图 3-42）。

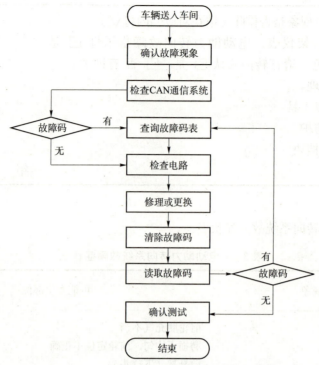

图 3-42　电动助力转向系统故障诊断流程

（3）检测与维修电动助力转向系统的注意事项。

1）拆装转向器带拉杆总成时，要使转向盘放正，前轮对准正前方。

2）拆卸转向盘时要先做好标记。

3）换 EPS 总成后需要用诊断仪进行标定。

4）更换 EPS 总成或者重新标定 SAS 时，一定要摆正转向盘和车轮再标定，建议在四轮定位工况下进行。

5）在车辆维修、养护时，做了 EPS 总成拆卸、外球头拆卸/更换、四轮定位、方向盘角度传感器标定、悬架维修、轮胎更换时，应进行跑偏补偿力矩配置。

6）必须整体更换电动助力转向电机总成，不允许拆解或部分更换/互换。

三、参考书目

序列	书名，材料名称	说明
1	《汽车行驶与操纵系统检修（第二版）》，焦传君主编	北京理工大学出版社
2	维修手册、电路图	红旗 E-HS3、迈腾

学生笔记：

模块四

常规制动与电子驻车系统的检测与维修

学习任务与能力矩阵

任务	能力
任务1 检查真空助力器	能够进行真空助力器检查
任务2 更换制动液	能够参照车辆使用说明书进行制动液更换
任务3 更换前轮制动块	能够参照车辆维修手册检查及更换前轮制动块
任务4 更换电子驻车制动块	能够进行后轮制动块更换

任务1 检查真空助力器

一、任务信息

任务难度	初级		
学时	4学时	班级	
成绩		日期	
姓名		教师签名	
案例导入	客户反馈，踩刹车时发现踏板沉重		
能力目标	知识	能够了解真空助力器工作原理； 能够识读车辆维修手册并描述检查真空助力器流程	
	技能	能够进行真空助力器检查	
	素养	1.（对内）能够展示操作成果； 2.（对外）能够与团队成员协作完成任务； 3.（思政）能够具备操作安全意识	

二、任务流程

（一）任务准备

维修手册

（二）任务实施

任务1.1 真空助力器检查

1. 工作表

（1）查看维修手册，请制订真空助力器检查工作计划。

·152·

（2）查找资料写出真空助力器的检查方法（两种）。

（3）请说明真空助力器检查过程中需要注意哪些问题？

潜在危险	避免措施

技师签字：　　　　　　　　　　　　　　　　年　月　日

2. 参考信息

相关车辆维修手册。

（1）真空助力器检查。

1）助力性能的检查。

真空助力器失效后，驾驶员会感到制动效能下降，在踩踏制动踏板时，会感到发硬，阻力明显加大，这时应及时更换助力器总成。检查真空助力器的好坏可按以下快捷方法进行判断：

① 发动机运转 1~2 min 后关闭，按正常力量踩下制动踏板若干次，使真空助力器的内部真空消耗掉。最初踩下时能完全踩下，随后制动踏板高度逐渐上升，说明真空助力器工作正常。

② 起动发动机，若制动踏板感到有明显的自动下沉（增力作用），则说明该真空助力器功能正常；若制动踏板毫无反应，无增力作用，则说明该真空助力器已经失效，应予以更换。更换助力器总成时，应同时更换密封垫。助力器总成及制动主缸固定螺母的拧紧力矩为 20 N·m。

③ 发动机运转时踩下制动踏板，然后关闭发动机，在 30 s 内制动踏板高度无变化，表明真空助力器工作正常。

上述试验中任一项试验结果不符合要求，应检查真空管、阀及助力器等损坏情况。三项试验结果全部符合要求，说明真空助力器性能良好。

（2）助力器真空管、单向阀的检查。

真空助力器单向阀装在真空管内，如果单向阀失效，驾驶员会感到制动踏板发硬，有踏不到底的感觉，且伴随制动性能明显下降。检查单向阀时，按阀体上的箭头方向吹压缩空气应能通过；反向则不通过。也可用嘴吸法检验其单向通过性。单向阀密封不良时，应更换真空管总成。

任务1.2 真空助力器及制动主缸组成及工作原理。

1. 工作表

（1）制动系统组成有哪些？在车上找出并填写下方图片名称。

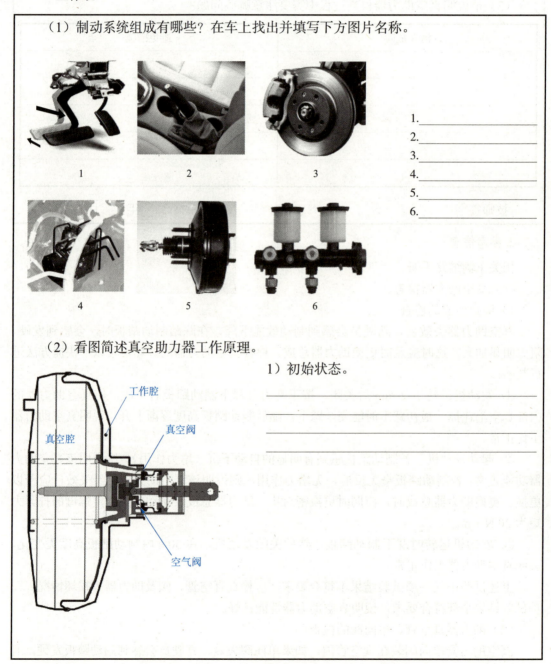

1.＿＿＿＿＿＿
2.＿＿＿＿＿＿
3.＿＿＿＿＿＿
4.＿＿＿＿＿＿
5.＿＿＿＿＿＿
6.＿＿＿＿＿＿

（2）看图简述真空助力器工作原理。

1）初始状态。
＿＿＿＿＿＿＿＿＿＿＿＿＿＿＿
＿＿＿＿＿＿＿＿＿＿＿＿＿＿＿
＿＿＿＿＿＿＿＿＿＿＿＿＿＿＿
＿＿＿＿＿＿＿＿＿＿＿＿＿＿＿

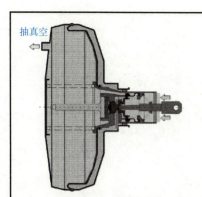

2）助力器初始抽真空后平衡状态。

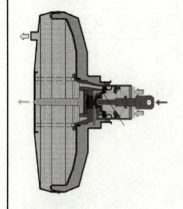

3）助力器工作。

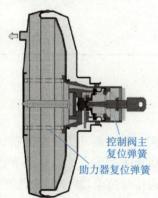

4）助力器返回。

（3）写出图中各标号名称。

序号	1	2	3	4	5	6
名称						
序号	7	8	9	10	11	12
名称						
序号	13	14	15	16	17	18
名称						
序号	19	20				
名称						

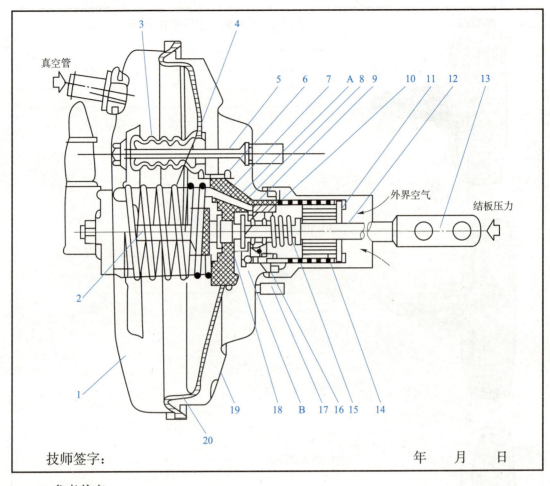

2. 参考信息

相关车辆维修手册。

（1）真空助力器组成及工作原理。

真空助力器带制动主缸总成是制动系统中起伺服作用的机构。其中制动主缸是给制动回路提供制动液压的关键零部件，真空助力器是为制动主缸提供更大的输入力，从而节省驾驶者体力的重要零部件。真空助力器带制动主缸总成具有结构相对简单、成本较为低廉、使用性能可靠等优点，使得其目前较为广泛地应用于乘用车及轻型商用车。真空助力器主要由真空伺服气室和控制阀组成，如图 4-1 所示。

真空伺服气室由前、后壳体组成，两者之间夹装有伺服气室膜片，将伺服气室分成前、后两腔。前腔经真空单向阀通向发动机进气歧管（即真空源），外界空气经过滤环和毛毡过滤环滤清后进入伺服气室后腔。后腔膜片座的毂筒中装有控制阀。控制阀由空气阀和真空单向阀组成，空气阀与控制阀推杆固装在一起，控制阀推杆借调整叉与制动踏板机构连接。伺服气室膜片座上有通道 A 和 B，通道 A 用于连通伺服气室前腔和控制阀，通道 B 用于连通伺服气室后腔和控制阀。真空伺服气室工作时产生的推力，同踏板力一样，直接作用在制动主缸推杆上。

模块四 常规制动与电子驻车系统的检测与维修

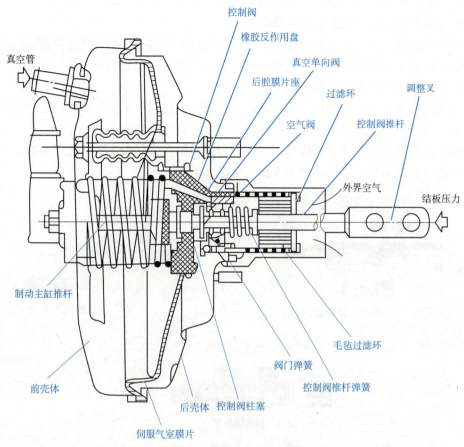

图 4-1 真空助力器基本结构

真空助力器不工作时,空气阀和控制阀推杆在控制阀推杆弹簧的作用下,离开橡胶反作用盘,处于右端极限位置,并使真空阀离开膜片座上的阀座,即真空阀处于开启状态。而真空阀又被阀门弹簧压紧在空气阀上,即空气阀处于关闭状态。此时伺服气室的前、后两腔相互连通,并与大气隔绝。在发动机工作时,前后两腔内都能产生一定的真空度。

制动时,踩下制动踏板,来自踏板机构的控制力推动控制阀推杆和控制阀柱塞向前移动,在消除柱塞与橡胶反作用盘之间的间隙后,再继续推动制动主缸推杆,主缸内的制动液以一定压力流入制动轮缸,此力为制动踏板机构所给。与此同时,在阀门弹簧的作用下,真空单向阀也随之向前移动,直到压靠在膜片座的阀座上,从而使通道 A 和 B 隔绝,即伺服气室的前腔和后腔隔绝,进而空气阀离开真空阀而开启,空气经过滤环、毛毡过滤环 14、空气阀的开口和通道 B 充入伺服气室后腔。随着空气的充入,在伺服气室膜片的两侧出现压力差而产生推力,此推力通过膜片座、橡胶反作用盘推动制动主缸推杆向前移动,此力为压力差所给。此时,制动主缸推杆上的作用力为踏板力和伺服气室反作用盘推力的总和,使制动主缸输出的压力成倍增长。

解除制动时,控制阀推杆弹簧使控制阀推杆和空气阀向右移动,真空阀离开膜片座上的阀座而开启。伺服气室的前、后两腔相通，且均为真空状态。膜片座和膜片在膜片复位弹簧的作用下回位，制动主缸解除制动作用。

若真空助力器失效或真空管路无真空度，控制阀推杆将通过空气阀直接推动膜片座和制动主缸推杆移动，使制动主缸产生制动压力，但作用在踏板上的力要增大。

（2）制动主缸组成及工作原理。

为了提高汽车的行驶安全性，根据制动法规要求，现代汽车的行车制动装置均采用了双回路制动系统。双回路制动系统的制动主缸为串列双腔制动主缸。

制动主缸按照其内部活塞结构形式主要分为带补偿孔式制动主缸（见图4-2）、中心阀式制动主缸（见图4-3）、柱塞式制动主缸（见图4-4）。

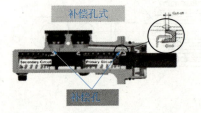
图4-2　带补偿孔式制动主缸

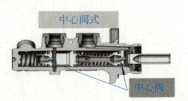
图4-3　中心阀式制动主缸

图4-4　柱塞式制动主缸

1）补偿孔式制动主缸构造及原理。

主皮碗位于补偿孔和供油孔之间，压力腔和供油腔通过这两个孔相连，初始状态主缸没有油压输出（见图4-5）。

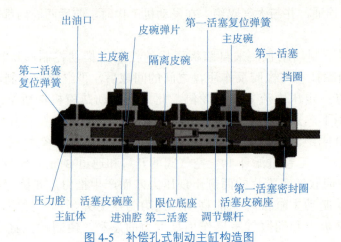
图4-5　补偿孔式制动主缸构造图

补偿孔式制动主缸建压过程（见图 4-6）：

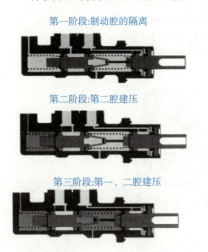

图 4-6 补偿孔式制动主缸工作图

第一阶段：来自第一活塞的推力推动第一、二活塞组件向前运动，主皮碗唇边将两个补偿孔封闭。

第二阶段：继续推动活塞，因第二复位弹簧抗力小于第一复位弹簧，故先被压缩，第二压力腔先建压。此时第一压力腔内的制动液未被压缩，故第一腔没有液压。

第三阶段：继续推动活塞，来自第二压力腔的液压作用到第二活塞上产生的反作用力加上逐渐增大的第二复位弹簧抗力之和大于第一复位弹簧的抗力使第一复位弹簧被压缩，第一腔也开始建压。

驾驶员松开制动踏板，活塞在弹簧作用下开始回位，高压制动液顺管路回流入制动主缸。由于活塞回位速度迅速，工作腔内容积相对增大，致使制动液压力迅速降低，管路中的制动液受到管路阻力的影响，制动液来不及充分流回工作腔，充满活塞移动让出的空间，这样使工作腔形成一定的真空度，储液罐里的制动液便经回油孔和活塞上面的四个小孔推开阀片经主皮碗的边缘流入工作腔。

2）中心阀式主缸构造及原理。

中心阀式主缸结构图如图 4-7 所示，当制动时活塞在助力器的推力作用下开始左移，当中心阀芯脱离控制销时，中心阀芯在中心阀簧作用下将中心阀口关闭，这时工作腔建立起液压并通过出油口传递给制动管路。

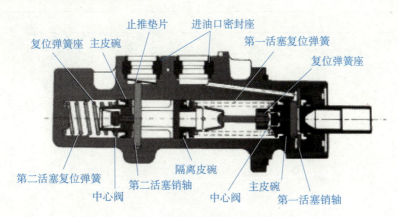

图 4-7 中心阀式主缸结构图

3）柱塞式主缸构造及原理。

柱塞式主缸结构图如图 4-8 所示，其密封原理类似于补偿孔式，主缸压力建立及释放由密封圈和活塞位置来控制，不需要额外的组件。当制动踏板不作用时，制动液通过活塞上的小孔经主缸壁上的补偿孔与外部连通，主缸内无压力。当制动踏板作用时，活塞前移，活塞上的小孔越过缸壁上的主密封圈后，主缸开始建压。

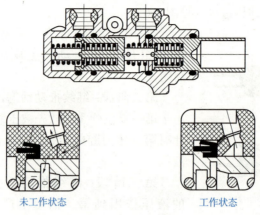

未工作状态　　　　　　　工作状态

图 4-8　柱塞式主缸结构图

三、参考书目

序列	书名，材料名称	说明
1	《汽车行驶与操纵系统检修》	北京理工大学出版社
2	捷达维修手册、速腾维修手册、迈腾维修手册、卡罗拉维修手册	

学生笔记：

任务 2　更换制动液

一、任务信息

任务难度	中级		
学时	6 学时	班级	
成绩		日期	
姓名		教师签名	
案例导入	客户平时不经常开车，行驶两年，请为客户更换制动液		
能力目标	知识	能够掌握制动液更换方法并了解制动液更换注意事项； 能够识读车辆维修手册并制作更换制动液工作计划	
	技能	能够进行制动液更换	
	素养	1.（对内）能够展示操作成果； 2.（对外）能够与团队成员协作完成任务； 3.（思政）能够具备操作安全意识	

二、任务流程

（一）任务准备

课前预习内容，二维码，线上资源。

（六）任务实施

任务 2.1 制动液更换，请查看相关车型维修手册及资料，并完成以下工作任务

1. 工作表

（1）查看维修手册，请说明制动液更换需要用到哪些工具？

（2）查看维修手册，请制订真空助力器检查工作计划。

（3）请说明制动液更换过程中需要注意哪些问题。

潜在危险	避免措施

技师签字：　　　　　　　　　　　　　　　　　　　　年　　月　　日

2. 参考信息

相关车辆维修手册。

任务 2.2 制动液选择

1. 工作表

（1）制动液有哪些作用？

（2）制动液类型及推荐使用车型。

类型	推荐车型

（3）制动液的性能指标。

参数	推荐车型

（4）更换制动液的注意事项。
_____
_____
_____

技师签字：　　　　　　　　　　　　　　　　　　年　　月　　日

2. 参考信息

相关车辆维修手册。

（1）制动液类型。

制动液分为三种类型：醇型、矿油型和合成型。其中以合成型应用最为普遍，醇型与矿油型已经淘汰（我国自1990年5月起淘汰醇型制动液），市面上的制动液为合成型。

合成型为人工合成的制动液，是由聚醚、水溶性聚酯和硅油等为主体，加入润滑剂和添加剂组成。其使用性能良好，工作温度可高达200℃以上。它对橡胶和金属的腐蚀作用均很小，适合于高速、大功率、重负荷和制动频繁的汽车使用，因此成为目前使用最多最广的一种制动液。

合成型制动液又分为三大类型：醇醚型、酯型和硅油型，但使用最多的是醇醚型和酯型。

（1）醇醚型，常见于DOT3。醇醚型的化学成分为低聚乙二醇或丙二醇。低聚乙二醇或丙二醇具有较强的亲水性，所以在使用或储存的过程中其含水量会逐渐增高。由于刹车油的沸点会随着水分含量的增高而降低，所以其制动性能会随之下降。当你发现需要用力踩刹车才能制动时，一个很可能的原因就是刹车油的水分含量过高。刹车油一般每两年一换。

（2）酯型，常见于DOT4。酯型是在醇醚型的基础上添加大量的硼酸酯。硼酸酯是由低聚乙二醇或丙二醇通过和硼酸的酯化反应而成。硼酸酯的沸点比低聚乙二醇或丙二醇更高，所以其制动性能更好。硼酸酯还具有较强的抗湿能力，它能分解所吸收的水分，从而减缓了由于吸水而导致的沸点下降。所以酯型性能比醇醚型更好，价格也更高。

（3）硅油型，常见于 DOT5。硅油型的化学成分为聚二甲基硅氧烷。它的沸点在这三类中是最高的，所以价格也最贵。聚二甲基硅氧烷具有很强的疏水性，几乎完全不吸水。然而，正由于它对水分极强的排斥能力，导致进入其管道内的水分不能与其混溶，而以水相存在。因为相对于刹车油而言，水的沸点极低，所以这不混溶的水分会导致制动性能的急剧下降。因此，硅油型的应用范围较窄，DOT5 应用范围并不广泛。

（2）制动液的参数。

在制动系统中，制动液是液压制动系统中传递制动压力的液态介质，是保证制动系统正常运转的关键组成部分。而平衡回流沸点、湿平衡回流沸点和运动黏度是衡量制动液性能指标的三个关键参数。

① 平衡回流沸点（干沸点）。

液体在完全不含水分时的沸点温度为平衡回流沸点。制动液必须能够经受在制动过程中产生的高温，制动液沸点越高，其制动性能越出色。如果制动液沸点过低，则在系统中容易汽化而造成气阻，导致车辆制动迟缓乃至制动失效（见图 4-9）。

② 湿平衡回流沸点（湿沸点）。

含水量超过 2% 时的液体沸点温度为湿平衡回流沸点。即使密闭良好的刹车系统，全新的制动液在使用过程中也会吸收一定量的水分，制动液中水分越多，沸点越低，在连续刹车的情况下可能会导致刹车失灵等严重后果，因此湿沸点是个非常重要的性能指标。TRW 制动液不仅具有极低的吸水性，更有着出色的湿沸点表现。

③ 运动黏度。

零下 40 摄氏度时液体的黏稠度叫运动黏度，在低温条件下，制动液的流动性表现会受到影响，运动黏度越小，制动液的流动性就越好。TRW DOT5.1 ESP 的运动黏度低于 720 mm^2/s，即使是在严寒地区也能确保制动压力传递的通畅性，使制动性能一如既往地灵敏，有效避免了由于运动黏度过大导致制动性能变得迟缓，甚至刹车失灵的危险。

所以，选择低黏度、高沸点的制动液产品对于制动安全异常重要。TRW 的制动液产品在该三项指标上的表现不仅能完全能够满足客户需要，其独特的低吸水性、防锈性和润滑性更为制动安全增添了多重保障。

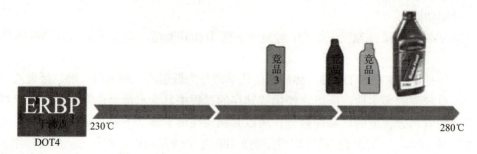

图 4-9　制动液平衡回流沸点

TRW DOT4 作为制动液市场的主流产品，实测干沸点高于 270℃，不仅远超相应规格的国际标准，更优于其他同业品牌。230℃为美国联邦机动车安全标准（FMVSS 116）。

TRW 提供全系列的制动产品，全面满足车辆的多样性需求，即便是在极端恶劣条件下，TRW 制动液也能发挥优异的性能。目前主要规格有 DOT3，DOT4，DOT5.1，以及 DOT5.1 ESP 专用优质系列。

制动液类型	推荐应用车型
DOT3	适用于采用鼓式制动系统的车辆
DQT4	适用于前轮采用盘式制动的车辆，后轮为鼓式制动器的车辆； 适用于全部采用盘式制动的车辆，也可用于装有 ABS 的车辆
DOT5.1	重型、高性能车辆包括装有 ESP/ABS 的车辆，提供额外的安全系数， 低温条件下改善黏度性能，使在极冷的气候条件下使用更安全
DOT 5.1 ESP	重型、高性能车辆，包括装有 ABS/ESP 的车辆。 专为 ESP/ABS 的车型开发

制动液也有使用寿命，如果长时间不更换，会出现制动力下降的风险，甚至缩短所有制动零部件的使用寿命。

TRW 建议：对于 DOT3 制动液，应每年检查更换；对于 DOT4/5.1 制动液，至少每两年/3 万 km（先到者为准）检查更换 1 次，从而才能最大限度地保证车辆处于最佳状态。

汽车油液中最容易变质的就是制动液，因为它有很强的吸水性，制动液出问题主要在于吸水变质，制动液吸入水分后沸点降低，影响制动效果（见图 4-10）。

图 4-10　制动液对比

制动踏板被踩下时，制动管路里的制动液受到挤压会产生液压力，传递到盘式制动器卡钳的活塞或鼓式制动器的制动分泵上。如果液压力的传递被阻断，会造成制动力不稳定，影响制动效果。

制动液的沸点越高，耐高温性能越好。因为在制动过程中，制动液会被升温，例如较长下坡行驶中的持续制动会使制动液严重过热。如果制动液沸腾，将发生气阻，即制动液中的水分子会在超过制动液沸点后气化，形成内部气泡，气泡会阻碍或阻断液压力的传递，引起制动失效。

随着时间的流逝，即使在密闭良好的制动系统中，制动液也会吸收一定水分。制动液中水分越多，沸点就会越低，就会影响制动性能。

通常，制动液的含水量大约在 0.05%，这个比例随着时间推移将会显著增加。当含水量超过 3% 时，制动液的沸点降至 140~180℃。如果含水量超过 3.5%，制动液达到其湿沸点，制动就会失效，必须马上更换。

手动更换制动液步骤：

（1）制动液的更换准备工作。

① 最好是三个人操作：一个人负责放油，一个人负责踩制动踏板，一个人负责加新油。也可以两个人：一个人负责放油，一个人负责踩制动踏板和加油。

② 换油前可拔掉保险座上刹车灯的保险，使刹车尾灯在踩制动踏板时不亮，延长灯泡寿命。换完了再装回去。

③ 比较正规的方法要准备一根长度为 50 cm、内径在 6 mm 左右的透明软塑料管和一个有容量标记的透明塑料瓶，最好有一套制动液更换工具。更换制动液时将软管一头插在分泵放油口，另一头插在塑料瓶中，避免沸油飞溅和观察更换量。

④ 准备新制动液 1~2 瓶，更换制动液时最好不使用旧油。正常的制动系统不会泄漏制动液，制动液液面只会随刹车片逐渐磨薄而下降。

⑤ 10 mm 眼镜扳手一个。

（2）制动液的更换操作。

① 将车辆置于地沟上或用举升机举起。

② 一人在车下，摘掉放油口上的橡胶防尘帽，将预备透明软管两端分别装在放油口和废油收集瓶中。

③ 如图 4-11 所示，车上人反复踩制动踏板到最高点并踩住制动踏板不要松脚，车下人松开放油口螺丝，待制动液喷净后拧紧并通知车上人松开。以上操作反复数次直到放出的制动液中无气泡。注意制动液储液罐内的液面，要随液面下降添加新制动液，否则会有空气进入制动系统。

④ 排完一个轮到另一个轮重复上面①~③的操作步骤。

⑤ 更换制动液顺序应该先远后近，就是先从制动管路的远端开始，先后轮，再前轮。特别注意，如果制动管路是"X"布局，为了避免新、旧制动液混合，换油、放气可以从左后或者右后开始，比如第一个放左后轮，下一个放右前轮，然后右后轮，最后是左前轮。

⑥ 四个轮更换完成后路试，如发现刹车软，不灵敏，请重复步骤③进行放气操作，顺序依照步骤⑤进行。注意制动液储液罐内的液面，要随液面下降添加新制动液。

图 4-11　操作制动踏板图片

使用 VAS5234 自动更换制动液步骤

三、参考书目

序列	书名，材料名称	说明
1	《汽车行驶与操纵系统检修》	北京理工大学出版社
2	捷达维修手册、速腾维修手册、迈腾维修手册、卡罗拉维修手册	

学生笔记：

任务3 更换前轮制动块

一、任务信息

任务难度	中级		
学时	6学时	班级	
成绩		日期	
姓名		教师签名	
案例导入	客户汽车开了七八万 km，检查4轮制动块，行驶过程中有异响，发现前轮制动块已磨损严重，需要及时更换		
能力目标	知识	能够掌握盘式制动系统的检查流程； 能够识读车辆维修手册并制作更换前轮制动块工作计划	
	技能	能够进行制动液更换	
	素养	1.（对内）能够展示操作成果； 2.（对外）能够与团队成员协作完成任务； 3.（思政）能够具备操作安全意识	

二、任务流程

（一）任务准备

课前预习内容，二维码，线上资源。

（七）任务实施

任务 3.1　更换前轮刹车片，请查看相关车型维修手册及资料，并完成以下工作任务。

1. 工作表

（1）查看维修手册，请说明制动块更换需要用到哪些工具。

_____

_____

（2）查看维修手册，请制订制动块更换工作计划。

_____

_____

_____

_____

_____

（3）请说明制动块更换过程中需要注意哪些问题。

潜在危险	避免措施

2. 参考信息

相关车辆维修手册。

任务 3.2　制动系统工作原理及检查

1. 工作表

（1）补充下图盘式制动器名称，说制动系统工作原理。

序号	名称
1	
2	
3	
4	

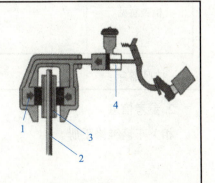

工作原理：
_____
_____
_____

（2）盘式制动器检修相关数据（查找维修手册等相关资料）。

名称	标准值	最小值
车轮螺栓力矩		
制动卡钳螺栓力矩		
制动块厚度		
制动盘厚度		
制动盘端面跳动量		

（3）盘式制动系统检修记录。

检查位置		□左前	□右前
制动卡钳拆卸	拆卸卡钳（开口和梅花型号）		
	使用挂钩		
摩擦片检查测量	检查摩擦片磨损状况		
	厚度测量位置正确		
刹车盘检查和测量	目视检查制动盘磨损和损坏		
	千分尺测量刹车片测量位置		
	刹车盘测量值应为		
密封圈	目视检查		
防尘罩	目视检查		
检查意见			

技师签字：　　　　　　　　　　　　　　年　月　日

2. 参考信息

相关车辆维修手册。

三、参考书目

序列	书名,材料名称	说明
1	《汽车行驶与操纵系统检修》	北京理工大学出版社
2	捷达维修手册、速腾维修手册、迈腾维修手册、卡罗拉维修手册	

学生笔记:

任务 4　更换电子驻车制动块

一、任务信息

任务难度	中级		
学时	6 学时	班级	
成绩		日期	
姓名		教师签名	
案例导入			
能力目标	知识	能够掌握盘式制动系统的检查流程； 能够识读车辆维修手册并制订更换前轮制动块的工作计划	
	技能	能够进行制动液更换	
	素养	1.（对内）能够展示操作成果； 2.（对外）能够与团队成员协作完成任务； 3.（思政）能够具备操作安全意识	

二、任务流程

（一）任务准备

课前预习内容，二维码，线上资源。

（二）任务实施

任务 4.1 更换后轮刹车片，请查看相关车型维修手册及资料，并完成以下工作任务。

1. 工作表

（1）如何操作电子驻车？
开启：_____
关闭：_____

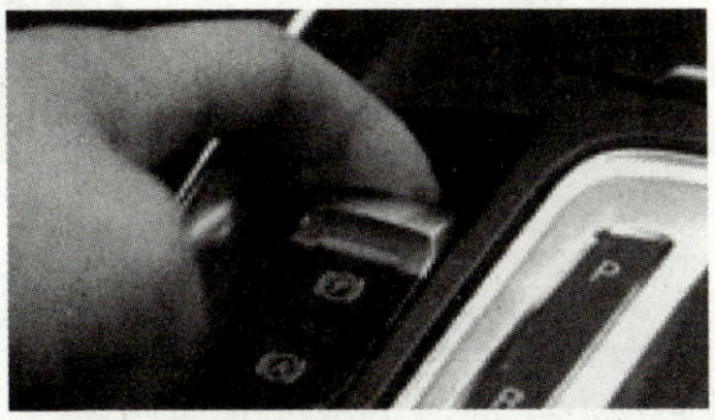

（2）电子驻车系统组成有哪些？

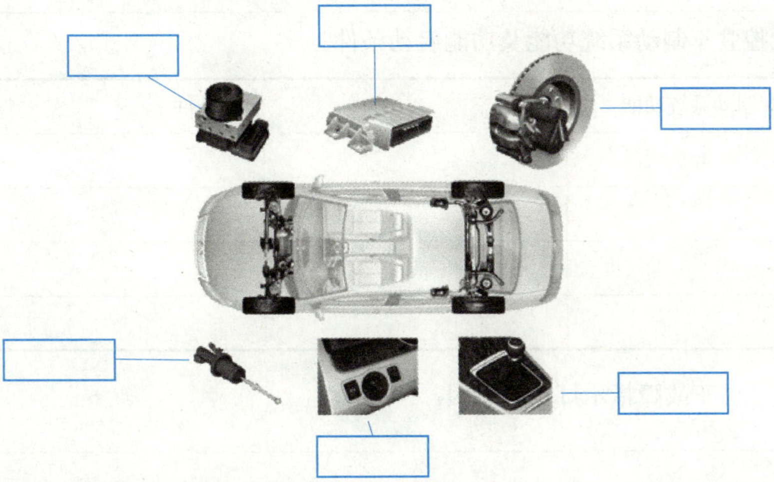

（3）请描述电子驻车系统的优点，至少 3 条。
_____
_____

（4）电控机驻车制动器与传统的手动制动器的比较。

项目	手动制动	电控制动
起动		
松开		
车辆在斜坡上起动		
起——停		

（5）填写下图中电子制动器组成部分名称，描述电子驻车系统的执行器工作原理。

序号	名称
1	
2	
3	
4	
5	
6	

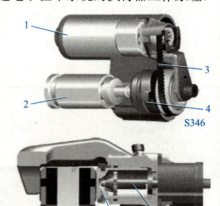

工作原理：
_____
_____
_____

（6）电控驻车制动系统功能及功能启动条件。

电控驻车制动系统功能	启动条件

（7）电子驻车故障指示灯点亮原因。
_____
_____
_____

技师签字：　　　　　　　　　　　　　　　年　　月　　日

2. 参考信息

相关车辆维修手册。

电控机械式驻车制动器提供给驾驶员以下功能：

① 驻车制动功能；
② 动态起动辅助功能；
③ 动态紧急制动功能；
④ AUTO HOLD 功能。

根据车速基本上可以将制动模式分为两种：一种是静态模式（车速低于7 km/h）；另一种是动态制动（车速高于7 km/h）。静态模式下，驻车制动器的开启和关闭为电控机械式的。如图4-12所示。动态制动模式下，ABS/ESP系统车辆会减速，也就是说，所有车轮的制动由液压控制。

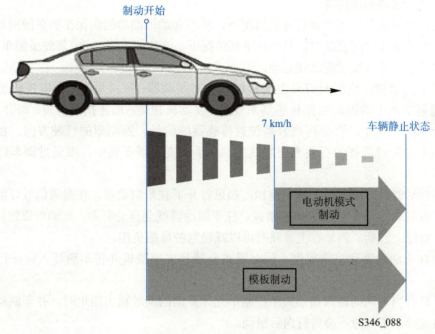

图4-12　车辆制动对比图

（1）驻车制动功能。

电控机械式驻车制动器系统确保车辆在30°的斜坡上也能够安全驻车。通过按电控机械式驻车制动器按钮来打开和关闭电控机械式驻车制动器。

关闭时，任何时候都可以关闭电控机械式驻车制动器，即使在"点火系统关闭"的情况下也可以。在点火系统接通的情况下打开电控机械式驻车制动器，电控机械式驻车制动器按钮中的指示灯以及组合仪表中制动灯的指示灯就会点亮。在点火系统关闭的情况下打开电控机械式驻车制动器，两个指示灯只点亮大约30 s，然后熄灭。

打开时，只有在"点火系统接通"的情况下才可以打开电控机械式驻车制动器。脚踩制动踏板，同时按电控机械式驻车制动器按钮，这样就可以打开电控机械式驻车制动器。当驾驶员系上安全带，关上车门并起动发动机后，踩加速踏板或车辆起动时，电控机械式驻车制动器自动松开。这里，会根据倾斜角度和发动机扭矩，来计算出何时关闭电控机械式驻车制动器。电控机械式驻车制动器按钮和组合仪表中的指示灯熄灭。

作用流程：

① 驾驶员按电控机械式驻车制动器按钮。

② 电控机械式驻车制动器控制单元通过专用CAN数据总线与ABS控制单元互通信息并确定，车速低于7 km/h。

③ 电控机械式驻车制动器起动两个后车轮制动器制动电机。电控机械式制动过程完成。

④ 驾驶员再次按电控机械驻车制动器按钮同时踩动制动踏板，后车轮驻车制动器松开。

（2）动态起动辅助功能。

在电控机械式驻车制动器打开的情况下，动态起动辅助功能确保车辆在倾斜道路上起动时车轮不会猛冲向前或倒退。只有在下列情况下，该功能才能起效：驾驶员侧车门关闭，安全带已经系上并且发动机已经起动。

根据下列参数决定何时打开电控机械式驻车制动器：倾斜角度，由电控机械式驻车制动器控制单元中的纵向加速传感器来获悉；发动机扭矩；加速踏板位置；离合器操纵。在手动变速器车辆中，会分析离合器位置传感器的信号，所期望的行驶方向。在自动变速器车辆中，通过选择的行驶方向来获悉，在手动变速器车辆中，则通过倒车灯开关来获悉。

驻车制动器打开时起动车辆。例如，如果打开了驻车制动器，在交通信号灯前驻车时就无须踩脚制动器。一旦踩上加速踏板，驻车制动器就会自动解除，车辆可以继续行驶。

在上坡路上起动。例如在上坡路时可以减轻驾驶员的负担。

打开驻车制动器到一定程度，同时踩离合器和加速踏板并将车辆开入向前行驶的车队中。

由于只有当车辆的输入扭矩大于控制单元计算出的斜坡输出扭矩时，驻车制动器才会解除，因此确保了车轮不会自行向后滚动。

作用流程：

① 车辆静止。接通电控机械式驻车制动器。驾驶员想要起动车辆，选择1挡并且踩下加速踏板。

② 分析完所有参数（倾斜角度、发动机扭矩、油门踏板位置、离合器操纵或选择的前进挡）后，电控机械式驻车制动器控制单元计算出斜坡输出扭矩。

③ 如果车辆输入扭矩大于由电控机械式驻车制动器控制单元计算出的斜坡输出扭矩，控制单元起动两个后车轮制动器制动电机。

④ 后车轮驻车制动器电控机械式松开。车辆起动，且起动过程中车轮不会向后滚。

（3）动态紧急制动功能。

制动踏板失灵或锁住时，可以通过动态紧急制动功能强行制动车辆。

打开：车辆行驶时，通过按住电控机械式驻车制动器按钮，可以制动车辆，但是有 6 m/s^2 的车辆减速。这时，警报音响起，并且制动信号灯接通。车速超过 7 km/h 时，通过建立液压制动压力，可以在所有4个车轮上实现动态紧急制动功能。ABS/ESP系统根据行驶状况调节制动过程。这样就确保了制动期间车辆的稳定性。车速低于 7 km/h 时，通过操作电控机械驻车制动器按钮关闭驻车制动器（参见"驻车制动功能"）。

解除：如果动态紧急制动后，车速仍超过 7 km/h 时，可以通过松开电控机械式驻车制动器按钮或通过操纵油门踏板来进行制动。

作用流程：

① 驾驶员按住电控机械式驻车制动器按钮。

② 电控机械式驻车制动器控制单元通过专用 CAN 数据总线与 ABS 控制单元互通信息并获悉车速是否超过 7 km/h。

③ ABS 控制单元起动液压泵，并在液压管路中建立液压制动压力，液压管路与 4 个车轮制动器连接，车辆制动。

（4）AUTO HOLD 功能。

AUTO HOLD 功能是一个辅助功能，它在车辆静止和起动过程中（向前行驶或向后行驶时）辅助驾驶员。AUTO HOLD 功能综合了下列辅助功能，如图 4-13 所示。

① 按中控台中的 AUTO HOLD 按钮后，驾驶员就可以使用 AUTO HOLD 功能了。按钮中的指示灯点亮，说明该功能已经激活。再一次按 AUTO HOLD 按钮，就关闭了 AUTO HOLD 功能，按钮中的指示灯熄灭。

② Stop and Go 辅助功能，由于驾驶员制动静止的车辆时无须再踩制动踏板，因此在停停走走的行驶状况下大大减轻了驾驶员的负担。

③ 启动辅助功能，停止过程和起动过程的自动化给车辆在上坡路上的起动提供了支持。车轮不会出人意料地向后滚动。

④ 自动驻车功能，在 AUTO HOLD 功能打开的状况下，如果车辆停止并且驾驶员侧车门打开，安全带被解除或点火系统关闭，驻车制动器会自动开启。

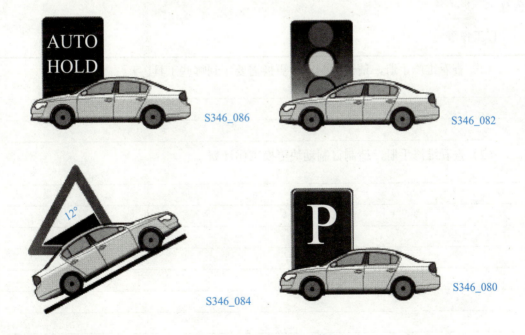

图 4-13　AUTO HOLD 功能图

只有当下列情况发生时，AUTO HOLD 功能才会激活：驾驶员侧车门关闭、安全带已经系上并且发动机已经起动。只要以上三种情况中的一种发生变化，AUTO HOLD 功能就会关闭。每次重新点火起动时，都必须按 AUTO HOLD 按钮重新激活该功能。

无论车辆是如何静止下来的，AUTO HOLD 功能都能够确保车辆自动受控制地静止下来。

AUTO HOLD 功能激活时，车辆总是首先通过四个液压车轮制动器进行制动。驾驶员通过踩制动踏板来建立制动压力。然后，由于阀门被锁止，这个制动压力被"冻在"ABS 单元中，因此驾驶员无须再踩制动踏板。车辆制动。如果驾驶员没有踩制动踏板，但是车辆在静止状态后重新移动，ESP 打开。这将产生一个液压增压。这也就是说，由 ABS 泵建立制动压力，3 min 后，车辆由 ESP 液压制动转入电控机械式制动。

作用流程：

① AUTO HOLD 功能打开。车辆静止，并且通过 4 个车轮制动器液压制动。根据倾斜度，ABS 控制单元计算出必需的压力并进行调整。

② 两三分钟后，制动方式由液压式转换成了电控机械。ABS 控制单元将计算出的制动扭矩传递给电控机械式驻车制动器控制单元。

③ 电控机械式驻车制动器控制单元起动两个后车轮制动器制动电机。制动方式转为电控机械式，同时制动压力自动降低。

任务 4.2 更换后轮刹车片，请查看相关车型维修手册及资料，并完成以下工作任务

1. 工作表

（1）查看维修手册，请说明制动块更换需要用到哪些工具。

（2）查看维修手册，请制订制动块更换工作计划。

（3）请说明制动块更换过程中需要注意哪些问题。

潜在危险	避免措施

技师签字：　　　　　　　　　　　　　　　　　　　年　　月　　日

2. 参考信息

相关车辆维修手册。

三、参考书目

序列	书名，材料名称	说明
1	《汽车行驶与操纵系统检修》	北京理工大学出版社
2	捷达维修手册、速腾维修手册、迈腾维修手册、卡罗拉维修手册	

学生笔记：

_____

_____

_____

模块五

ABS 防抱死系统的检测与维修

学习任务与能力矩阵	
任务	能力
任务 1　更换 ABS 轮速传感器	能够安全规范更换 ABS 轮速传感器； 能够描述霍尔传感器的工作原理
任务 2　更换 ABS 液压泵和控制单元并进行编码和执行元件诊断	能够安全规范更换 ABS 液压泵、控制单元； 能够应用诊断仪独立进行编码和执行元件诊断； 能够描述 ABS 和 ESP 的功能、液压系统部件、主动泄压和主动增压的原理
任务 3　排除 ABS 防抱死系统故障灯点亮的故障	能够正确读取故障码、轮速传感器的数据流、波形，正确测量控制单元来电和搭铁； 能够分析故障原因并排除故障

任务 1　更换 ABS 轮速传感器

一、任务信息

任务难度	初级		
学时	2 学时	班级	
成绩		日期	
姓名		教师签名	
案例导入	一位客户向服务顾问抱怨，ABS 报警灯 和 ESP 报警灯 同时点亮。维修人员用诊断仪检测故障码为："左前轮轮速传感器信号不可靠。"经班组长检测确定是左前轮轮速传感器损坏，需要更换左前轮轮速传感器，同时检查 ABS 系统其他部件的机械连接和电器连接是否牢固		
能力目标	知识	能够描述霍尔式轮速传感器的工作原理； 能够说指出 ABS 的组成部分； 能够读懂电路图	
	技能	能够正确拆卸和安装轮速传感器； 能够检查 ABS 各部件机械连接是否牢固、电器连接是否可靠	
	素养	能够树立服务意识、安全意识	

二、任务流程

（一）任务准备

拆卸和安装奥迪 A6L 轮速传感器，需要做哪些准备工作？需要准备哪些工具？具体的拆装步骤有哪些？请查看下图二维码进行学习。（12 款奥迪 A6L 轮速传感器维修手册）

文档：拆卸和安装前轴转速传感器 .pdf

（二）任务实施

任务 1.1　拆卸轮速传感器

1. 工作表

（1）查看维修手册，请说明拆卸轮速传感器需要哪些工具。
_____

（2）查看维修手册，请制订拆卸轮速传感器的工作计划。
_____
_____
_____

（3）请说明拆卸轮速传感器过程中需要注意哪些问题。
_____

技师签字：　　　　　　　　　　　　　　　　年　　月　　日

2. 参考信息

相关实训车辆维修手册，以奥迪 A6 为例。
拆卸过程及注意事项：
① 举升车辆；
② 松开并拆下转速传感器 1 上的电插头，如图 5-1 所示；
③ 旋出螺栓 2；
④ 从车轮轴承壳中拔出转速传感器。

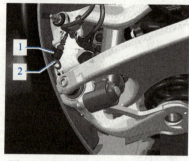

图 5-1　A6 轮速传感器位置示意图

任务 1.2　选择相同类型、结构的轮速传感器

1. 工作表

区分图 5-2、图 5-3 两个轮速传感器。

图 5-2　轮速传感器（a）

图 5-3　轮速传感器（b）

① 图 5-2 是_____传感器；图 5-3 是_____传感器(霍尔式／电磁式传感器)。

② 实训车辆用的是_____传感器 ((a)／(b))。

③ 查阅资料说明霍尔式传感器目前除了轮速传感器，还有哪些传感器也是霍尔式，至少列举出 3 个。

_____

_____

④ 查找实训车辆左前轮速传感器对应的备件号。

_____

技师签字：　　　　　　　　　　　　　　　　　　年　　月　　日

2. 参考信息

（1）磁电式轮速传感器结构及原理。

优点：结构简单，成本低，不怕泥污。缺点：① 频率响应不高。当车速过高时，传感器的频率响应跟不上，容易产生错误信号。② 抗电磁波干扰能力差，尤其是输出信号振幅值较小时。

结构：如图 5-4 所示，磁电式轮速传感器一般由磁感应传感器头和齿圈组成，传感头由永久磁铁、极轴、感应线圈等组成。齿圈是一个运动部件，一般安装在轮毂上或轮轴上与车轮一起旋转，如图 5-5 所示。传感器头是一个静止部件，传感器头磁极与齿圈的端面有一定间隙。

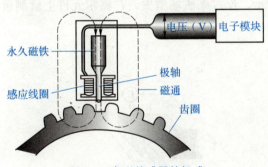

图 5-4　电磁传感器的组成

图 5-5　电磁传感器位置

原理：磁力线从磁芯的一极出来，穿过齿圈和空气，返回到磁芯的另一极。由于传感器的线圈绕在磁芯上，因此这些磁力线也会穿过线圈。当车轮旋转时，与车轮同步的齿圈（转子）随之旋转，齿圈上的齿和间隙依次快速经过传感器的磁场，其结果是改变了磁路的磁阻，从而导致线圈中感应电势发生变化，产生一定幅值、频率的电势脉冲。脉冲的频率，即每秒钟产生的脉冲个数，反映了车轮旋转的快慢，如图 5-6 所示。

（2）霍尔式轮速传感器的工作原理。

优点：输出信号电压振幅值不受转速的影响；频

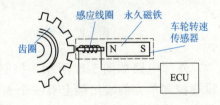

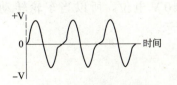

图 5-6　电磁传感器原理

率响应高；抗电磁波干扰能力强。

霍尔式轮速传感器由一块可以通电的半导体芯片组成，如图5-7所示，在AB端通电后，半导体中的电子成均匀分布，半导体层CD如果被磁场贯穿，就会导致电子分布不均匀，一侧电子过多，而另一侧电子过少。于是，在EF端产生霍尔电压。如图5-8所示，如果磁场消失，电子又会重新均匀分布，这时测量不到电压，如果定期施加或撤销磁场，就可以测得持续的电压变化，这就是霍尔元件的基本原理。

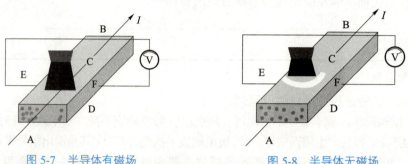

图5-7　半导体有磁场　　　　　图5-8　半导体无磁场

这里还涉及一个阈值开关，它的作用是将霍尔电压的模拟信号转换成数字信号，如图5-9所示，具体过程如下：电子在受到磁场作用后，就可以在霍尔元件上测得一个电压，阈值开关闭合，外部电路闭合。如图5-10所示，反过来磁场消失，在霍尔元件上就测量不到电压，开关就会断开，外部电路断开。

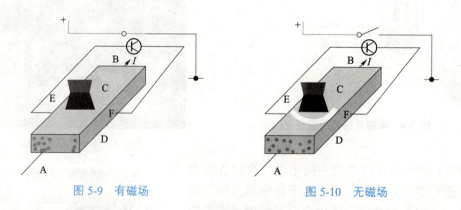

图5-9　有磁场　　　　　图5-10　无磁场

外部电路如图5-11所示，控制单元需要识别开关状态，因此开关本身接地，假设在控制单元的输出端上有一个5V正电压，控制单元对输出端进行监控，如果开关断开，控制单元就会识别到一个5V的正电压。如果开关闭合，控制单元或识别到一个0V电位。所以当车轮转动时，传感器信号波形为0~5V的方波信号，如图5-12所示。

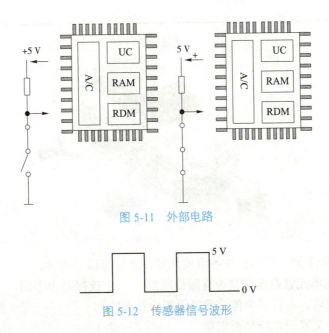

图 5-11　外部电路

图 5-12　传感器信号波形

任务 1.3　安装轮速传感器及注意事项

1. 工作表

查看维修手册，制定安装轮速传感器的步骤及注意事项。

技师签字：　　　　　　　　　　　　　　　　　　年　　月　　日

2. 参考信息

相关车辆维修手册。以奥迪 A6 为例。
安装过程及注意事项：

① 装入转速传感器前清洁孔的内表面，用固体润滑膏 G000650 涂抹转速传感器的四周。

② 安装转速传感器，并用 9 N·m 的力矩拧紧螺栓。

③ 连接转速传感器 1 的电插头，如图 5-13 所示。

④ 安装后，将方向盘向左及向右转到底，同时检查转速传感器导线是否不受阻碍。

⑤ 将车辆放下。

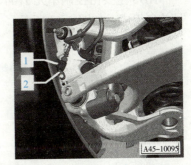

图 5-13　A6 转速传感器示意图

任务 1.4　检查 ABS 机械连接和电气连接

1. 工作表

（1）填写 ABS 系统各部分名称。

[示意图：车辆各部件标注空白]

（2）根据维修手册，实车查找各组成部分，并检查以下内容。

① ABS 液压单元管路连接是否有漏油现象_____；连接是否牢固_____（是/否）；

② 右前、左后、右后三个传感器紧固螺栓是否牢靠_____（是/否）；

③ 制动灯开关紧固螺栓是否牢靠_____（是/否）。

（3）根据 ABS 电路简图，回答以下问题。

① ABS 控制单元 J104 的来电有_____根，分别是_____；搭铁有_____根，为_____；

② 实车查找来电熔断器位置，检查各熔断器是否有熔断现象_____（是/否）；各熔断器是否安装牢靠_____（是/否）；搭铁是否正常_____（是/否）。

技师签字：　　　　　　　　　　　　　　　　　　年　月　日

2. 参考信息

（1）ABS 系统的组成。

ABS 主要由控制单元 J104、液压单元、4 个轮速传感器、制动灯开关、指示灯和驾驶员信息组成，如图 5-14 所示。

图 5-14

（2）ABS 模块电路图，以奥迪 A6 为例。

ABS 控制单元 J104 的来电有 4 根，分别是 S123、ST1（SB5）、ST2（SB3）、SD4；搭铁有 1 根，为 55，如图 5-15 所示。

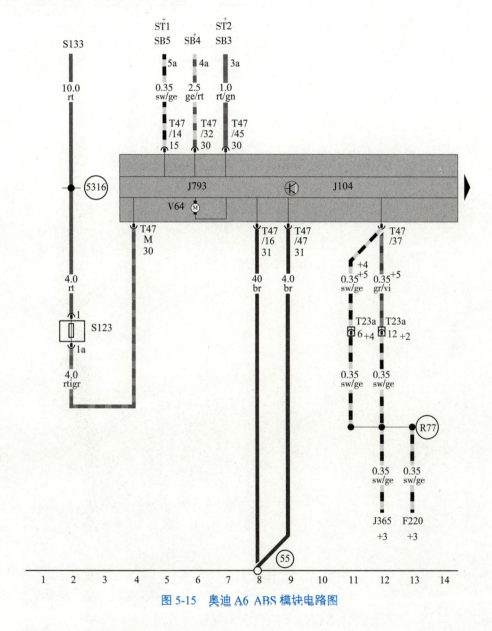

图 5-15　奥迪 A6 ABS 模块电路图

三、参考书目

序列	书名，材料名称	说明
1	《汽车行驶与操纵系统检修（第二版）》，焦传君主编	北京理工大学出版社
2	维修手册和电路图	依车型而定

学生笔记:

任务 2　更换 ABS 液压泵和控制单元并进行编码和执行元件诊断

一、任务信息

任务难度	中级		
学时	12 学时	班级	
成绩		日期	
姓名		教师签名	
案例导入	一位客户向服务顾问抱怨，ABS 报警灯 和 ESP 报警灯 同时点亮。维修人员用诊断仪检测故障码为："控制单元内部故障"。经班组长检测确定是 ABS 控制单元损坏，现需要更换 ABS 控制单元和液压泵，并进行制动液的加注排气、控制单元编码、执行元件诊断		
能力目标	知识	能够描述 ABS 的功能、原理、输入输出信号的含义、主动降压过程；能够描述 ESP 的功能、原理、主动建压过程	
	技能	能够正确拆卸和安装 ABS 液压泵和控制单元；能够正确按照流程进行制动液加注、排气、控制单元编码、执行元件诊断	
	素养	培养学生服务意识；培养学生环保意识	

二、任务流程

（一）任务准备

如果更新奥迪 A6LABS 液压泵和控制单元的硬件及软件，需要知道哪些相关信息？请查看下图二维码进行学习。（行驶动力学原理，ABS 的功能，ABS 扩展功能，故障灯含义）

文档：ABS 基础知识（行驶动力学原理，ABS 的功能，ABS 扩展功能，故障灯含义）

（二）任务实施

任务 2.1　拆卸 ABS 液压泵和控制单元

1. 工作表

（1）查看维修手册，请说明拆卸 ABS 液压泵和控制单元需要用到下列哪些专用工具。
□诊断仪　　　□制动踏板加载装置　　　□密封塞

（2）查看维修手册，请制订拆卸 ABS 液压泵和控制单元的工作计划。

_____
_____
_____
_____
_____
_____
_____
_____

（3）请说明拆卸 ABS 液压泵和控制单元的过程中需要注意哪些问题。

_____
_____

2. 参考信息

相关实训车辆维修手册，以奥迪 A6 为例。

拆卸过程及注意事项：

① 关闭点火开关，连接诊断仪蓝牙。

② 打开点火开关，读取事件存储器记录并删除。

③ 在引导型功能中启动"替换控制器"程序，关闭点火开关。

④ 将制动踏板加载装置装在制动踏板和驾驶员座椅之间，踩下制动踏板至少 60 mm。

⑤ 举升车辆，将排气瓶软管连接到左前和左后制动钳排气螺栓上，打开排气螺栓，卸除液压单元中的压力。

💡 提示：关闭左前和左后排气螺栓，降下车辆，不要去除制动踏板加载装置。

⑥ 拆卸冷却液软管和冷却液补偿罐。

⑦ 在控制单元和液压单元下面铺放足够的不含纤维的抹布，以防止制动液溢出。

⑧ 标记制动管，从图 5-16 液压单元 2 上拧下所有的制动管路。

⚠ 注意：不允许弯折液压单元区域的制动管！

⑨ 用维修套件中的密封塞封闭制动管路和螺纹孔。

⑩ 松开图 5-16 中电插头 1，并从控制器 3 上拔出。

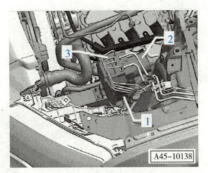

图 5-16 A6 液压单元位置

> 提示：不要让制动液进入控制器的插头壳。这可能会腐蚀接点并由此引起系统故障。小心地用压缩空气清洁变脏的插头壳。

⑪ 将控制器和液压单元从车内支架上拔下。

任务 2.2　选择相同类型的 ABS 液压泵和控制单元型号

1. 工作表

查看实训车辆 ABS 控制单元的备件管理号、软件版本号及品牌。

2. 参考信息

控制单元的备件管理号、软件版本号、品牌。

以 2016 款，奥迪 A6L 为例，如图 5-17 所示，控制单元的备件管理号为：4G0907379S，软件版本号为 0530，博世品牌硬件版本为 9.0。

图 5-17　控制单元备件管理号

任务 2.3　描述 ABS 防抱死和 ESP 车身电子稳定程序的功能及控制实现

1. 工作表

（1）ABS 防抱死系统的优点有哪些？至少写出 3 条。
（2）填写 ABS 液压单元的组成。

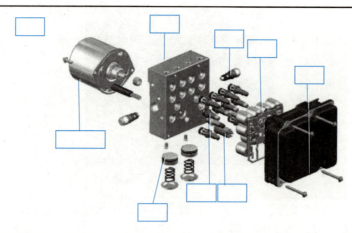

(3) 参考图 5-18，ABS 各输入输出信号的作用是什么？

轮速传感器有____个，其作用是：

_____

_____

制动灯开关信号：_____

_____

制动压力传感器：_____

_____

回液泵____个，其作用是：_____

电磁阀____个，其作用是：_____

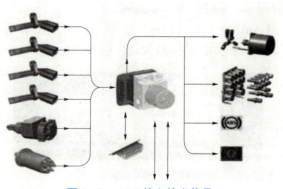

图 5-18　ABS 输入输出信号

(4) 请参考图 5-19 建压过程，图 5-20 保压过程，图 5-21 降压过程，描述 ABS 的工作过程。

建压过程：_____

_____

_____

保压过程：_____

_____

降压过程:

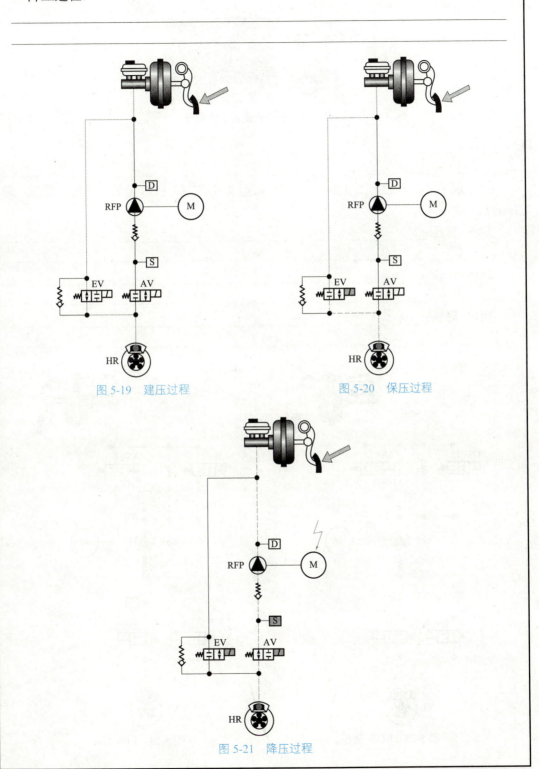

图 5-19　建压过程

图 5-20　保压过程

图 5-21　降压过程

（5）单侧驱动轮打滑严重时，电子差速锁是如何帮助脱困的？参考图 5-22 进行描述。

图 5-22　电子差速锁工作原理

_____

_____

（6）请参考图 5-23，图 5-24，图 5-25 描述电子差速锁 EDS 是如何建压、保压、降压的？

EDS- 建压：_____

_____

EDS- 保压：_____

_____

EDS- 降压：_____

_____

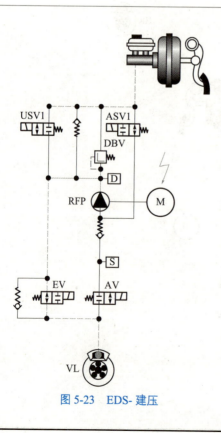

图 5-23　EDS- 建压

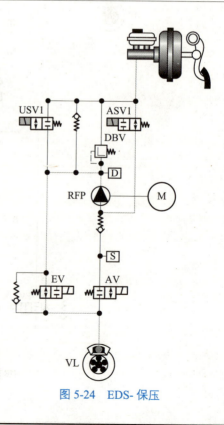

图 5-24　EDS- 保压

（7）ESP 的功能：
_____
_____

（8）请参考图 5-26，描述 ESP 主动建压过程（例如，给左前轮制动）。
_____
_____
_____
_____

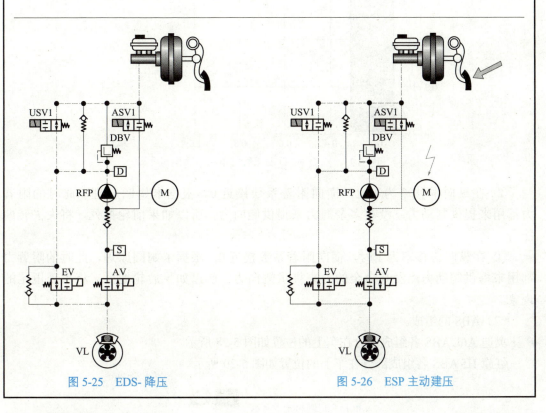

图 5-25　EDS-降压　　　　　　图 5-26　ESP 主动建压

2. 参考信息

（1）滑移率。

汽车从纯滚动到抱死拖滑的制动过程是一个渐进的过程，经历了纯滚动、边滚边滑和纯滑动三个阶段。滑移率可以评价汽车车轮滑移成分所占比例的多少。车轮滑移率越大，说明车轮在运动中滑动成分所占的比例越大。

滑移率：$s = \dfrac{v - v_w}{v} \times 100\%$

式中，v 表示车速；v_w 表示轮速。

根据这个公式，我们可以推出纯滚动时 $s=0$，边滚边滑时 $0<s<1$，抱死时 $s=1$。

在卡姆圆原理中，我们了解到滑移率会影响轮胎与地面之间附着系数。附着系数与滑移率的关系如图 5-27 所示，从图中可以得出以下结论：

① 滑移率在 10%~30% 的范围内时附着系数最大，此时的制动力也最大。

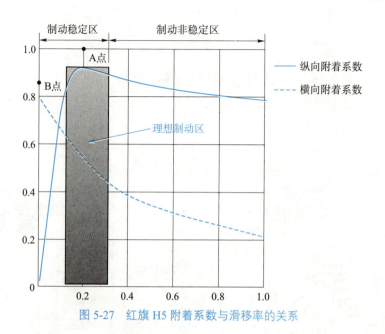

图 5-27 红旗 H5 附着系数与滑移率的关系

② 在纵向滑移率为 1 时，横向附着系数接近 0。根据卡姆圆原理，此时的附着力都用来提供制动力，没有多余的力来提供侧向力。所以如果前轮抱死，将失去转向能力。

③ 在纵向滑移率为 1 时，横向附着系数接近 0。根据卡姆圆原理，此时的附着力都用来提供制动力，没有多余的力来提供侧向力。所以如果后轮抱死，将出现甩尾的现象。

（2）ABS 的组成。

奥迪 A6L ABS 各组成部分在车上的位置如图 5-28 所示。

红旗 H5 ABS 各组成部分在车上的位置如图 5-29 所示。

图 5-28 奥迪 A6L ABS 系统组成

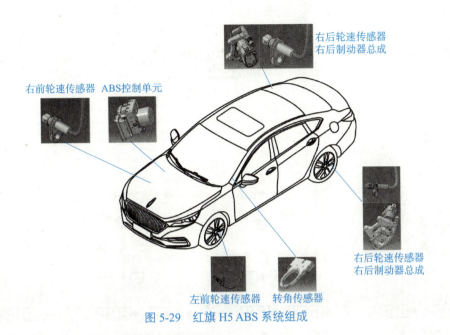

图 5-29 红旗 H5 ABS 系统组成

奥迪 A6L 液压单元组成如图 5-30 所示。

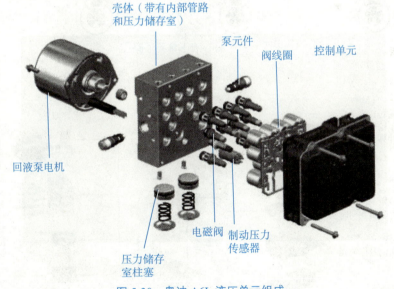

图 5-30 奥迪 A6L 液压单元组成

奥迪 A6L 整个液压单元液体流向如图 5-31 所示。采用交叉布置,左前轮和右后轮共用一个制动管路,右前轮和左后轮共用一个制动管路,2 个回液泵,1 个电机,有 12 个电磁阀,其中 ABS 防抱死功能用到 8 个电磁阀,都是两位两通,4 个进液阀 EV 为常开电磁阀,4 个出液阀 AV 为常闭电磁阀。HR:右后轮,VL:左前轮,VR:右前轮,HL:左后轮。

(3) ABS 的各输入输出信号的含义。

ABS 各输入输出信号的含义如图 5-32 所示。

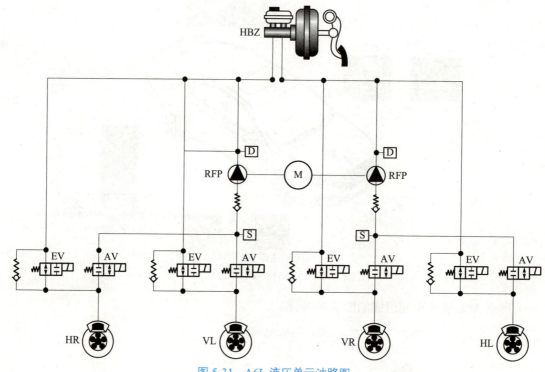

图 5-31 A6L 液压单元油路图

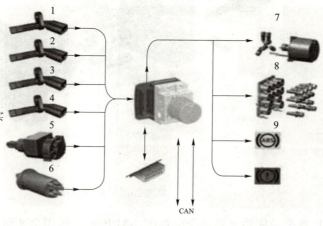

1~4—车轮转速：
控制单元根据车轮转速来确定车速，它将各个车轮转速与车速进行对比，并计算出制动滑移率。

5—制动灯开关信号：
该信号用于识别驾驶员在何时实施了制动。
制动检测开关信号：
制动灯开关的反向信号作为冗余信号来使用。

6—制动压力：
制动压力传感器测量的是主回路中的制动压力，这个制动压力用于确定所需的调节算法。另外，还要根据这个信号来校检制动灯开关/制动检测开关的可靠性。

7—激活回液泵：
通过驱动回液泵电机来工作，来实现"降低制动压力"。

8—激活电磁阀：
控制单元发出电磁阀触发信号。

9—驾驶员信息输出：
在需要时，会为驾驶员显示重要的信息，这些信息以文字形式和指示灯来显示。

图 5-32 ABS 各输入输出信号的含义

（4）ABS 工作过程

ABS 工作过程如图 5-33 所示。

① 建压过程。

如果驾驶员踏下了制动踏板，由于进液阀常开的，因此制动总泵与车轮制动器就一直都是直接相联的，制动液从主缸流向轮缸。如果驾驶员又将脚从制动踏板上移开了，那么制动压力又按原路卸掉了。

② 保压过程。

如果驾驶员所建立起的压力过大了，哪个车轮的制动力大到根本无法产生侧向滑动力，以图5-33中以右后轮为例，那么相应的进液阀通电被激活，于是进液阀就被关闭了。此时，尽管驾驶员在制动踏板上施加了更大的力，制动力也不会再继续增大了。

③ 降压过程。

如果某车轮制动器上的制动压力过大了，那么"降低制动压力"这个调节功能就被激活了。这时进液阀通电被关闭，排液阀通电被打开。为了能快速卸压，首先是先把储存室注满；如果这还不够，那就必须将制动液逆着驾驶员所施加的制动压力送回制动总泵内。这个送回所需要的压力，是通过接通电机来实现的，该电机用于驱动回液泵工作。这时，敏感的驾驶员能感受到这个回液过程，因为制动踏板上有轻微的脉动。

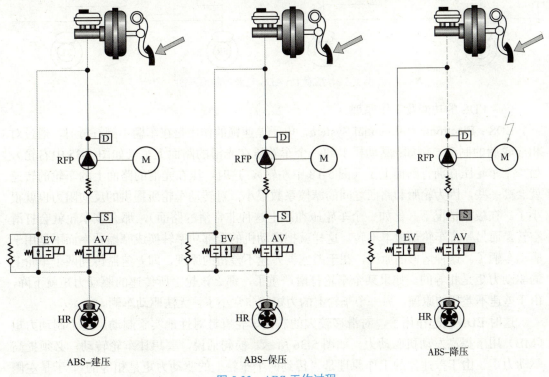

图5-33　ABS工作过程

红旗H5 ABS电液控制原理图如图5-34所示，USV1、USV2为常开电磁阀，HSV1和HSV2为常闭电磁阀，RREV、FLEV、FREV、RLEV为常闭电磁阀，RRAV、FLAV、FRAV、RLAV为常开电磁阀。ABS工作时的建压和主动降压需要经过USV1、USV2电磁阀。ABS主动降压时，电机带动油泵SRP2/SRP1工作，进液阀关闭，出液阀打开，油泵带动将油液从出液阀经油泵带到油壶。

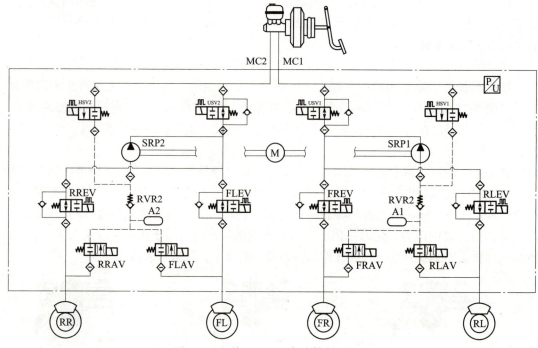

图 5-34 红旗 H5 ABS 电液控制原理图

（5）EDS 的功能及工作原理。

EDS：Electronic Differential System，电子差速锁的作用是在车辆一侧打滑时，通过对相应轮胎的制动。例如：驱动桥上的一个车轮压在光滑的路面上了（如图 5-35 中右轮），另一个车轮压在沥青路面上了（图 5-18 中左轮）。这时，压在光滑的路面上的车轮的转速就会高一些，因为轮胎和路面之间的摩擦系数很小，对转动车轮所提供的反向阻力也就很小了。在极端情况下（比如一个车轮压在冰上这种非常滑的路面），那么该车轮就会打滑空转，而另一个车轮却根本不转。这样就把发动机的全部功率转换成摩擦功率而不是用于驱动车辆了。这种情形的原因，在于差速器差速不差扭的原理，即差速器传到两个车轮上的驱动力矩是相等的。如果某个车轮打滑严重了，那么该轮上所传递的驱动力矩就下降，由于差速不差扭的原理，另一个车轮上的力矩就非常小了，无法驱动车辆。

这时 EDS 就起作用了，对滑移较大的右侧车轮有针对性地实施制动。这个制动力矩（MB）用于提高发动机驱动力，如图 5-36 所示。换句话说，要想让车轮转动，必须提高驱动力矩。由于差速器的工作原理是"传到两个车轮上的驱动力矩是相等的"，于是左侧车轮上的驱动力矩也增大了。通过制动滑移较大的车轮来提高转动力矩这个过程，会一直持续到两个驱动轮的转速几乎相等为止。

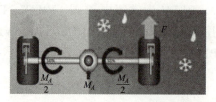

图 5-35 单侧驱动轮打滑

图 5-36 电子差速锁工作

所以要实现 EDS 功能，需要主动建立制动压力。ABS（包括 EBV）工作时，制动分泵的油压来自制动主缸，而 EDS 要具备的功能是驾驶员不踩制动时，ABS 泵可以主动提供制动压力作用于制动分泵。所以要对 ABS 进行硬件升级。增加 2 个进液阀 ASV1、ASV2；两个转换阀 USV1、USV2 到驱动轮上。ASV1、ASV2：常闭电磁阀，USV1、USV2：常开电磁阀，如图 5-37 所示。

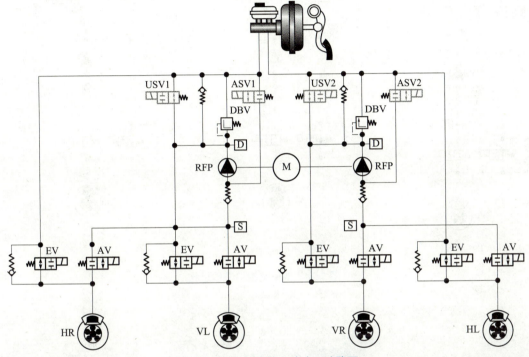

图 5-37　电子差速锁主动建压油路图

建压过程：控制单元对相应的电磁阀进行操控（ASV1、USV1 通电；EV、AV 断电）。如图 5-38 所示，回油泵从储液罐中抽油增压：吸油管路开启，回流泵可经过制动主缸从制动液储液罐中吸入制动液。通过关闭相关的转换阀，封闭回流泵压力侧通往制动液储液罐的连接管路。通过操控电动马达驱动回流泵并建立制动压力。

保压过程：如图 5-38 所示，要想实现"保持制动压力"这个功能，要关闭回液泵。此时，电磁阀的状态是保持不变的。

降压过程：如图 5-38 所示，控制单元对相应的电磁阀进行操控（ASV1、USV1 断电；EV、AV 断电）那么车轮制动器与制动液储液罐的直接连接又被重新建立，油液的相应返回实现减压。

（6）ESP 的功能及工作原理。

ESP 对个别车轮实施制动，防止车辆出现转向过度或转向不足。如图 5-39 所示，对于没有 ESP 的车辆。驾驶员注意到在本车道前方停着一辆车，然后驾驶员快速转向而将自己的车转到相邻的左侧车道上。由于路面不利，车辆有过度转向的趋势，车的尾部容易甩向一旁（甩尾）。如果没有相应的调节介入，车辆就会"打横"，即使驾驶员实施了反向转向，也不足以让车辆稳定下来。

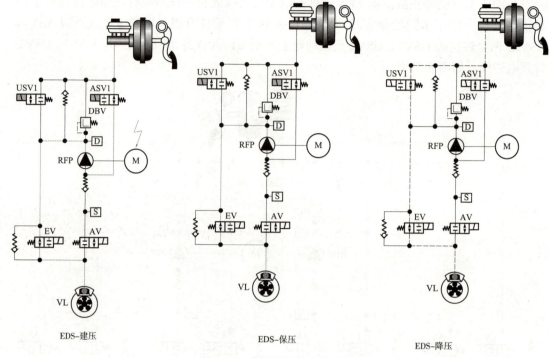

图 5-38 电子差速锁工作过程

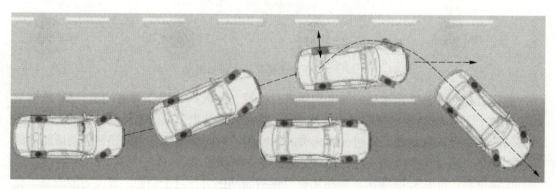

图 5-39 无 ESP-调节

对于有 ESP 的车辆，如图 5-40 所示，ESP 会通过在左前轮上主动建立起制动压力来应对这个情况，由此而产生的转矩会阻止车辆后部出现甩尾现象，这就稳定了车辆。ESP-调节过程在千分之几秒内就能完成。这个调节采用的具体方式，就是前面我们已经说过的"建立制动压力""保持制动压力"和"降低制动压力"。

EDS 可以在被驱动的车轮上自动建立制动压力。而 ESP 也要能在前轮驱动的车辆上对所有四个车轮的制动压力单独进行控制。"建立制动压力""保持制动压力"以及"降低制动压力"这些分功能的液压实施情况与 EDS 功能上的相同，制动压力时也能进行开关操作。

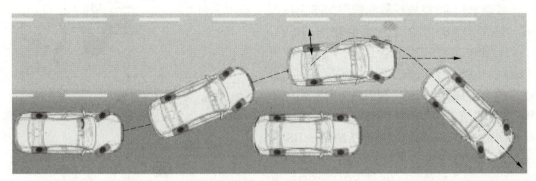

图 5-40　有 ESP- 调节

ESP 车身电子稳定程序中，相比于 ABS 增加了 4 个电磁阀，如图 5-41 所示，HSV1：制动总泵浮式活塞回路的高压切换阀；HSV2：制动总泵推杆活塞回路的高压切换阀。

AV：出液阀；D：阻尼室；DBV：压力限制阀；EV：进液阀；RFP：回液泵；S：储存室。

USV1：制动总泵浮式活塞回路的转换阀；USV2：制动总泵推杆活塞回路的转换阀。

HR：右后轮；VL：左前轮；VR：右前轮；HL：左后轮。

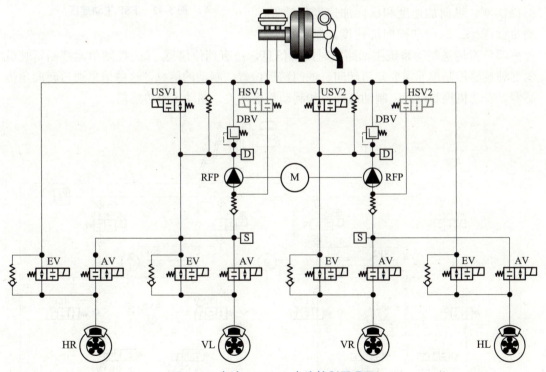

图 5-41　奥迪 A6L ESP 电液控制原理图

如图 5-42 所示，以左前轮为例，描述 ESP 主动建压过程：电机通电，左侧油泵工作，制动油液从油壶→HSV1（HSV2 接通）→左侧油泵→左前轮进液阀 EV→左前轮 VL。

红旗 H5 ESP 电液控制原理图如图 5-43 所示，相比于 ABS 增加了 4 个电磁阀：HSV1，USV1，HSV2，USV2。USV1，USV2 为常开电磁阀，ABS 工作时的建压和主动降压需要经过这两个电磁阀，HSV1 和 HSV2 为常闭电磁阀，ESP 系统主动建压时，HSV1 和 HSV2 通电接通油路，电机带动油泵将油从油壶→HSV1/HSV2→SRP2/SRP1→RREV/FLEV→RR/FL。

ESC-调节软件与 ABS-、EBV-、EDS- 和 ASR-调节软件一起集成在同一个控制单元内。该控制单元不断地判定车辆的实际情况和车辆的规定情况并将实际情况与规定情况相对比。如果实际情况与规定情况之间的偏差超过了规定的极限值，那么就会激活这个调节功能了，如图 5-44 所示。① 控制单元判断车辆的实际情况。根据车轮转速传感器的测量值，来确定出车轮滑移率以及车速；根据横摆率、纵向加速度和横向加速度传感器测量横摆率、纵向和横向加速度。制动压力传感器负责传送制动系统主回路实时压力信息，还有挡位信息。② 控制单元判断驾驶员的驾驶意愿控制单元需要知道转向、油门踏板位置、制动的信息，这些信息通过转向角传感器、发动机控制单元、制动灯开关和制动踏板开关、制动压力传感器。

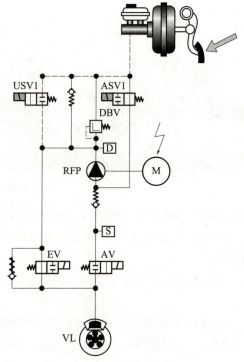

图 5-42 ESP 主动建压

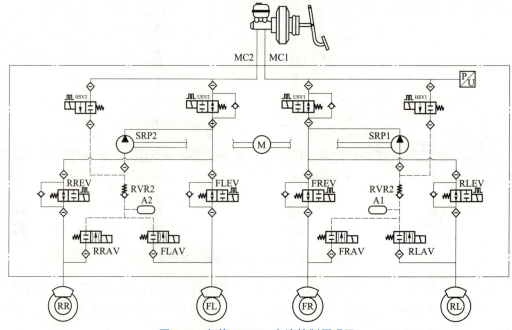

图 5-43 红旗 H5 ESP 电液控制原理图

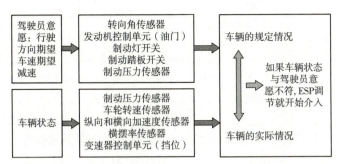

图 5-44　ESP 调节过程

ESP 系统与 ABS 相比，增加了转向角传感器、横向加速度传感器、横摆率传感器、纵向加速度传感器、ASR 和 ESC 按键、4 个电磁阀、ESC 和 ASR 关闭指示灯、ESC 和 ASR 故障灯。如图 5-45 所示。

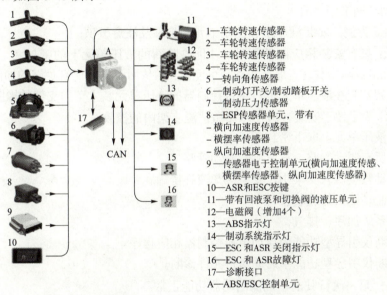

图 5-45　ESP 输入输出信号含义

动画：ABS 防抱死系统工作过程

动画：ESP 车身电子稳定程序工作过程

任务 2.4　安装 ABS 液压泵和控制单元

1. 工作表

（1）查看实训车辆维修手册，制定 ABS 液压泵和控制单元安装流程。

_____

_____

（2）ABS 液压泵和控制单元安装完成后，需要进行哪些其他操作？

2. 参考信息

相关实训车辆维修手册。

以奥迪 A6 为例，安装液压泵和控制单元的步骤及注意事项：

🛈 提示：只有安装相应制动管时，才能去除新的液压单元上的密封塞。如果先前已经从液压单元上拆除密封塞，那么制动液可能流出，从而不再确保有足够的加注量和排气。

① 将支架安装在液压单元上，将带控制器的液压单元装入车内支架的橡胶中。

🛈 提示：为了便于安装，应用水略微沾湿支架内的橡胶。

② 从新液压单元上取下密封塞。
③ 装入所有制动管路，拧紧所有制动管路。
④ 将制动管按压入支架中，安装冷却液补偿罐。
⑤ 取下制动踏板加载装置。
⑥ 制动系统加注、排气。
⑦ 在诊断仪引导型功能中启动更换控制器相应程序。
⑧ 在诊断仪引导型功能中启动执行元件诊断。

⚠ 当心！第一次行驶前，确保制动器功能正常。

任务 2.5　重新编码控制单元并测试执行元件工作是否正常

1. 工作表

（1）参考实训车辆维修手册，制定 ABS 液压单元排气流程，并实操。

（2）应用诊断仪的引导型功能对新更换的 ABS 控制单元进行编码操作，并记录所输入的 SVM 代码及结果。

（3）应用诊断仪的引导型功能对新更换的 ABS 液压单元进行执行元件诊断操作，检查 ABS 电机、回液泵、12 个电磁阀能否正常工作（即能否主动降低和主动增加轮缸压力），记录检测结果。

_____
_____
_____

2. 参考信息

以奥迪 A6 为例，其横向加速度、纵向加速度、横摆率传感器集成在传感器电子装置控制器 J849 中，ABS 液压单元和控制单元硬件更新后，需要对其加注制动液并排气、重新编码控制单元 J104、校准转向角传感器 G85、检查执行元件功能是否正常。以迈腾 B8 为例，其横向加速度、纵向加速度、横摆率传感器集成在 ABS 控制单元 J104 中，所以在对控制单元编码后，同时需要对转向角传感器 G85、横向加速度传感器、纵向加速度传感器、横摆率传感器进行基本设置。

视频：ABS 控制单元编码及执行元件诊断　　视频：校准横向加速度、纵向加速度、横摆率传感器

三、参考书目

序列	书名，材料名称	说明
1	《汽车行驶与操纵系统检修（第二版）》，焦传君主编	北京理工大学出版社
2	维修手册和电路图	依车型而定

学生笔记：

_____
_____
_____

任务3 排除ABS防抱死系统故障灯点亮的故障

一、任务信息

任务难度		高级	
学时	8学时	班级	
成绩		日期	
姓名		教师签名	
案例导入	一位客户向服务顾问抱怨，ABS报警灯◎和ESP报警灯๛同时点亮，在快速转弯时，车身感觉到不稳定，请用诊断仪读取故障码，并进行相关检测排除故障		
能力目标	知识	能够根据故障码、电路图分析可能的原因； 能够分析传感器波形含义	
	技能	能够正确应用万用表测量控制单元来电和搭铁电压是否正常； 能够正确使用诊断仪读取和清除故障码、读取相关部件的测量值； 能够正确应用示波器读取轮速传感器的来电和信号值	
	素养	培养学生服务意识； 培养学生严谨的工作态度	

二、任务流程

（一）任务准备

针对ABS报警灯和ESP报警灯同时点亮故障，为诊断故障原因，需要有清晰的故障诊断流程。请查看下图二维码进行学习。

文档：排除ABS防抱死系统故障灯点亮的流程

（二）任务实施

任务 3.1　确认故障现象并读取故障码

1. 工作表

（1）起动车辆，记录仪表故障灯及文字信息。
_____
_____
_____

（2）记录诊断仪读取故障码的控制单元是＿＿＿＿＿＿＿。
（3）针对实训车辆，用诊断仪 VAS6150 读取故障码，并记录下来。
_____
_____
_____

（4）记录诊断仪读取故障码的过程。
_____
_____
_____

任务 3.2　测量 ABS 控制单元的来电和搭铁是否正常

1. 工作表

（1）用万用表测量 ABS 控制单元来电及搭铁电压并记录。

项目	来电	搭铁
熔断器		
端子		
电压值		

（2）用万用表测量 ESP 按键来电及搭铁电压并记录。

项目	来电	搭铁
熔断器		
端子		
电压值		

（3）用万用表测量传感器电子装置控制单元（如果实训车辆有）的来电及搭铁电压并记录。

项目	来电				搭铁	
熔断器						
端子						
电压值						

2. 参考信息

以 2016 款豪华轿车奥迪 A6L 为例。

ABS 控制单元来电及搭铁电压。

项目	来电				搭铁	
熔断器	S123	ST3（SB7）	ST2（SB12）		55	
端子	30	30	30			
电压值	B（+）	B（+）	B（+）		0 V	

ESP 按键 E256 来电及搭铁电压。

项目	来电				搭铁	
熔断器	ST1（SB1）				控制单元控制搭铁	
端子	15					
电压值	B（+）				0 V	

传感器电子装置控制单元 J849（如果实训车辆有）的来电及搭铁电压。

项目	来电				搭铁	
熔断器	ST2（SB5）				376	
端子	30					
电压值	B（+）				0 V	

任务 3.3 读取轮速传感器数据流、采集轮速传感器的标准电压和信号波形

1. 工作表

（1）应用诊断仪读取发动机怠速时 4 个轮速传感器的转速值和旋转方向。

项目	左前	右前	左后	右后
转速				
方向				

（2）应用示波器读取轮速传感器的来电和信号波形（发动机怠速）。
信号波形_____；
来电波形_____。

2. 参考信息

以 16 款奥迪 A6L 为例。
应用诊断仪读取发动机怠速时 4 个轮速传感器的转速值和旋转方向。

项目	左前	右前	左后	右后
转速	6 km/h	6 km/h	0 km/h	0 km/h
方向	向前	向前	无效	无效

应用示波器读取轮速传感器的来电和信号波形（发动机怠速）如图 5-46 所示，来电针脚电压正常值为 B（+），信号电压正常值为 0~0.2 V 的方波信号。

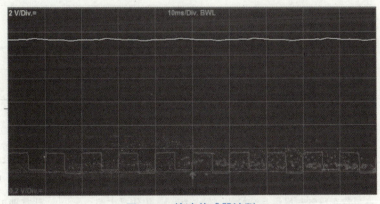

图 5-46　轮速传感器波形

以奥迪 A6 为例，测量轮速传感器的波形过程参考下方视频。

视频：读取轮速传感器测量值并进行检测

任务 3.4　分析并诊断 ABS 报警灯点亮故障

1. 工作表

（1）画出轮速传感器和控制单元之间的电路简图。

（2）根据前面的检查和测量，分析导致本故障的原因。

（3）制订并执行故障排除计划。

（4）感想与收获。

三、参考书目

序列	书名，材料名称	说明
1	《汽车行驶与操纵系统检修（第二版）》，焦传君主编	北京理工大学出版社
2	维修手册和电路图	依车型而定

学生笔记：

模块六

四轮定位

学习任务与能力矩阵	
任务	能力
任务　四轮定位	能够对车辆进行定位前的正确检查；能够正确使用四轮定位仪进行检测、调整

任务 四轮定位

一、任务信息

任务难度	中级		
学时	8学时	班级	
成绩		日期	
姓名		教师签名	
案例导入	一位客户向服务顾问抱怨，车辆出现跑偏的现象，经与服务顾问沟通，初步判断为四轮定位出现问题，现需要对此车辆进行四轮定位		
能力目标	知识	能够描述各车轮定位角度的定义、作用、调整方法、定位不当的影响	
	技能	能够对车辆进行定位前的正确检查；能够正确使用四轮定位仪进行检测、调整	
	素养	能够树立学生服务意识	

二、任务流程

（一）任务准备

汽车四轮定位出现问题会导致汽车出现跑偏的现象，除了四轮定位不当，扫描下方二维码，学习还有哪些原因会导致汽车跑偏。

文档：汽车跑偏的原因分析.pdf

（二）任务实施

任务 1.1　检查车辆

1. 工作表

（1）定位前车辆需要检查哪些项目？

_____
_____
_____

（2）车辆检查需要用到哪些工具？

_____
_____
_____
_____

2. 参考信息

相关实训车辆维修手册。

（1）以高尔夫 A7 为例，车辆需要检查项目及所用工具：

① 检测同一车桥上轮胎花纹深度的最大允许偏差是否小于 2 mm（深度规）；

② 车辆必须空载、车窗玻璃清洗装置 / 大灯清洗装置的清洗罐必须装满；

③ 燃油箱必须装满、备用轮胎和随车工具在车辆相应的安装位置上；

④ 检查车轮轴承、转向系统和转向拉杆上是否有超过允许范围的间隙以及是否有损坏（举升机）；

⑤ 检查同一车桥两侧悬架高度是否超过允许误差（米尺）。

（2）检查车辆的流程，请扫描下方二维码。

视频：车辆检查

任务 1.2　检测各车轮定位角度

1. 工作表

（1）区分各车轮定位角度的定义、作用、影响和定位不当的影响。

1）前束的定义、作用、故障影响。

图 6-1 中后轮前束指的是_____和_____之间相交的角度；图 6-2 中前轮前束

指的是_____和_____之间相交的角度。

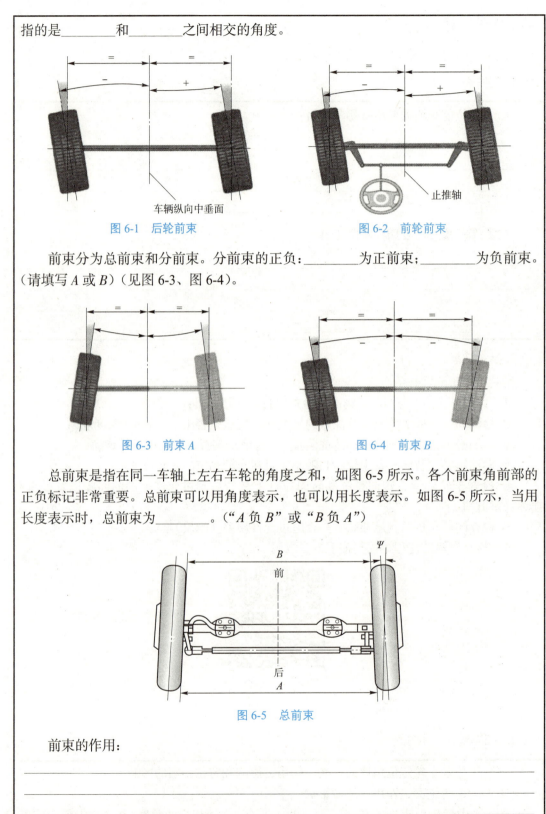

图6-1 后轮前束　　　　　图6-2 前轮前束

前束分为总前束和分前束。分前束的正负：_____为正前束；_____为负前束。（请填写 A 或 B）（见图6-3、图6-4）。

图6-3 前束 A　　　　　图6-4 前束 B

总前束是指在同一车轴上左右车轮的角度之和，如图6-5所示。各个前束角前部的正负标记非常重要。总前束可以用角度表示，也可以用长度表示。如图6-5所示，当用长度表示时，总前束为_____。（"A 负 B" 或 "B 负 A"）

图6-5 总前束

前束的作用：
_____
_____
_____

前桥两侧轮胎前束不一致将导致：
_____
_____

前桥两侧轮胎前束都过大将导致：
_____
_____

2）外倾角的定义、作用、故障影响。

车轮外倾的定义：在车辆横向平面内，_____和穿过车轮与地面接触点的_____之间的角度。

车轮外倾角的正负，如图6-6和图6-7所示：_____为正外倾角；_____为负外倾角。（请填写A或B）。

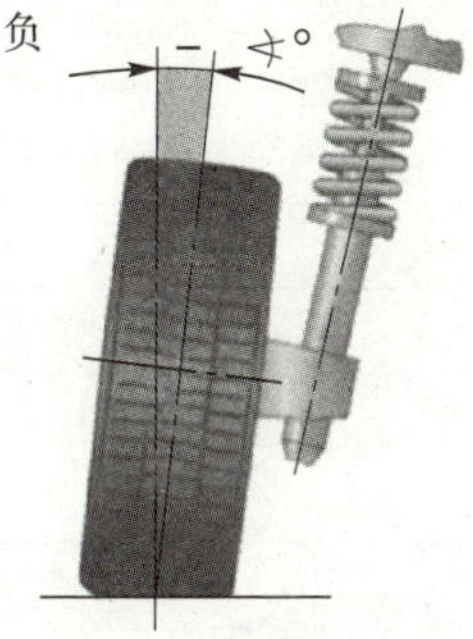

图6-6　A 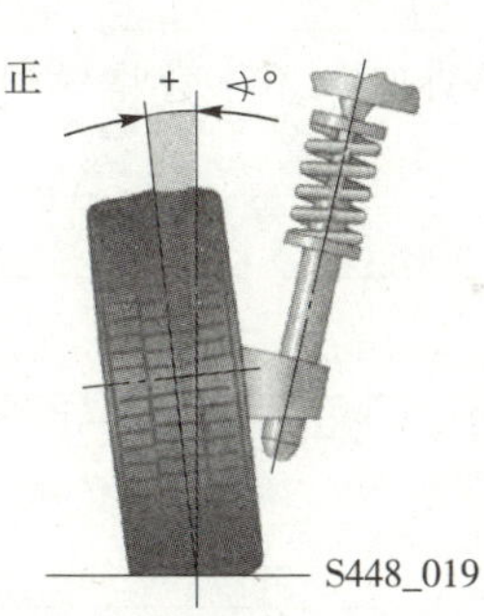　　　　　　　图6-7　B

观察下图，其中图6-8卡车为_____；图6-9轿跑为_____。（请填写"正外倾"或"负外倾"）

图6-8　卡车 　　　　　　图6-9　轿跑

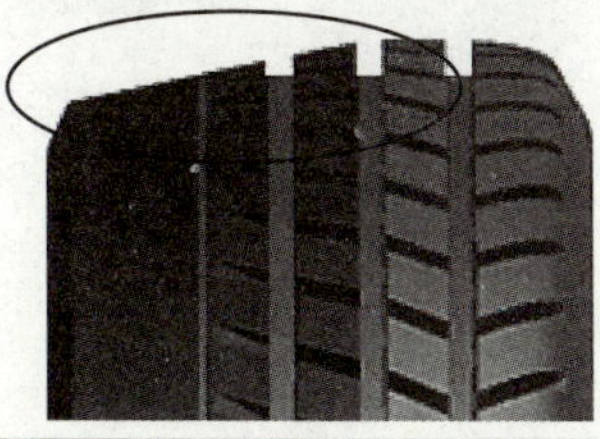

正外倾角时胎面的（磨损）从_____到_____；

负外倾角时胎面的（磨损）从_____到_____。

卡车正外倾的作用：
_____
_____

轿车和赛车负外倾的作用：
_____
_____

前桥两侧轮胎外倾角不一致将导致：
_____
_____

前桥两侧轮胎侧偏角都过大将导致：
_____
_____

3）主销后倾角的定义、作用及不当的影响。

主销后倾角的定义：指的是与车辆纵向平行的_____和_____之间的角度。请在图 6-10 和图 6-11 中标出自行车和摩托车的主销。

图 6-10　自行车

图 6-11　摩托车

主销后倾角的正负，如图 6-12 和图 6-13 所示，_____为正；_____为负。（请填 A 或 B）。

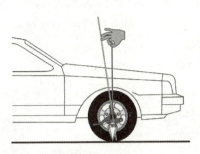 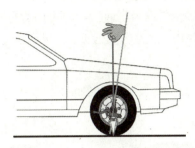

图 6-12　A　　　　　　　　　图 6-13　B

轿车是否有主销实物存在：_____；卡车是否存在主销实物：_____。填（"是"或"否"）

主销后倾的作用：
_____
_____

前桥左侧主销后倾角比右侧大将导致：
_____
_____

前桥两侧轮胎主销后倾角都过大将导致：
_____
_____

前桥两侧轮胎主销后倾角都过小将导致：
_____
_____

4）主销内倾角的定义、作用及不当的影响。

主销内倾角的定义：是指_____与_____之间的倾角。如图 6-14 所示。

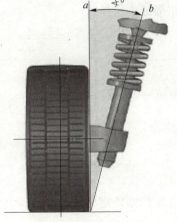

图 6-14　主销内倾角

主销内倾内置量是指车轮接触点与路面和转向轴延长线交点之间的距离。转向主销内倾内置量可以为正（+），也可以为负（−）或者为零。如图 6-15 所示。转向主销内倾内置量是由_____、_____和_____造成的。

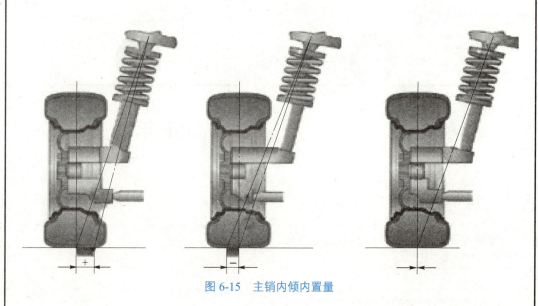

图 6-15　主销内倾内置量

主销内倾的作用：
_____
_____

前桥两侧轮胎主销内倾角都过大将导致：
_____
_____

前桥两侧轮胎主销内倾角都过小将导致：
_____
_____

（2）描述各定位角度调整顺序。
_____
_____

（3）区分不同类型的四轮定位仪。
请写出亨特 ProAlign2 3D 影像四轮定位仪各部分的名称，如图 6-16 所示。
1—_____；2—_____；3—_____。

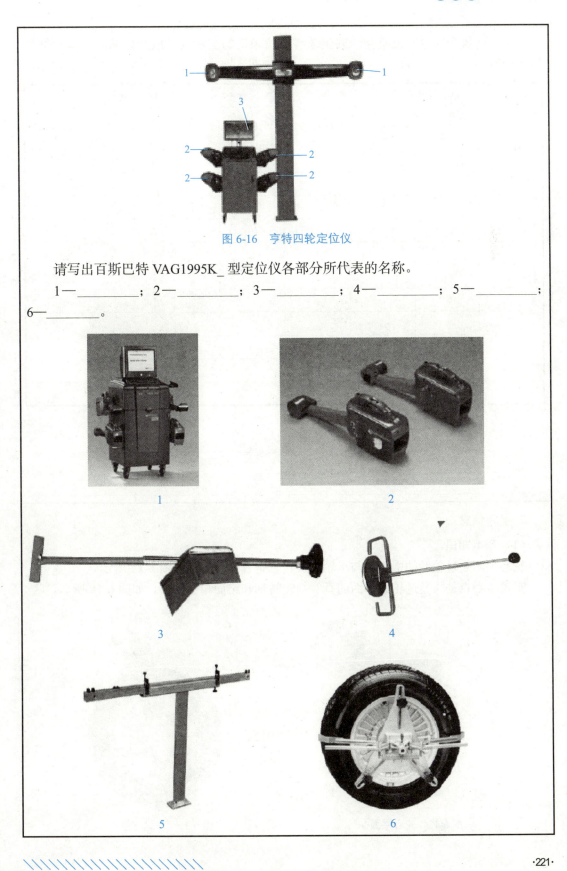

图 6-16　亨特四轮定位仪

请写出百斯巴特 VAG1995K_型定位仪各部分所代表的名称。

1—_____；2—_____；3—_____；4—_____；5—_____；6—_____。

（4）请执行四轮定位检测，并记录各定位角度的实际测量值和标准值，哪些角度需要调整。

前轴调整前检测值				后轴调整前检测值			
项目	左侧/右侧	实际值	标准值	项目	左侧/右侧	实际值	标准值

哪些角度需要调整？

_____

_____

2. 参考信息

（1）基本知识。

轮心平面是过轮胎的中心，与车轮的旋转轴垂直的平面。如图 6-17 所示。

车轮接触点是指通过轮心平面的垂线与旋转轴和路面相交的点。如图 6-18 所示。

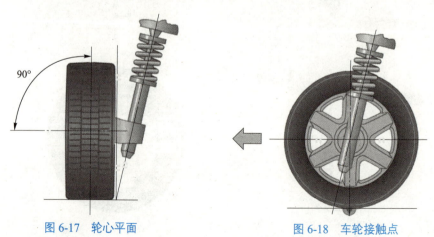

图 6-17　轮心平面　　　　　　图 6-18　车轮接触点

轮距是测量各轴上轮胎中心与轮胎中心的距离。如图 6-19 所示。
轴距是指前后轴上车轮中心之间的距离。如图 6-20 所示。

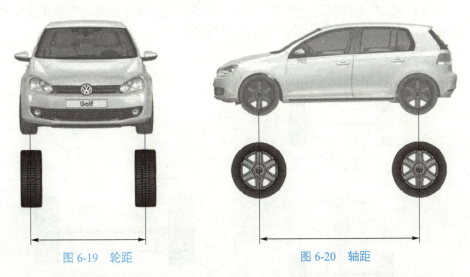

图 6-19　轮距　　　　　　　　　　图 6-20　轴距

车辆纵向中垂面是一个固定的与车辆相关的平面。它与路面垂直并通过前后轴（X/Z 平面）上轮距的中心，如图 6-21 所示。

止推轴平分后轴的整个前束角。后轴确定车辆的轨迹。因此，前轮和一些辅助系统的所有测量都与止推轴相关。理论上，止推轴应该与车辆纵向中垂面平行，如图 6-22 所示。

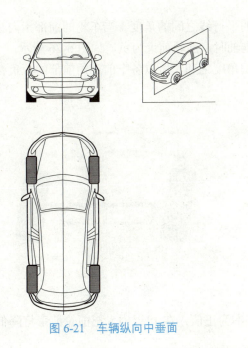
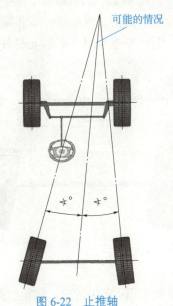

图 6-21　车辆纵向中垂面　　　　　图 6-22　止推轴

止推轴偏差是指车辆纵向中垂面（2）与止推轴（1）之间的夹角。它是由止推轴、横向偏移和后轴角形成的，如果止推轴偏向左前侧，则称为正偏差。如果止推轴偏向右前侧，则称为负偏差，如图6-23所示。

向正前方行驶：车轮位置是一个参考位置，在此位置上两个前轮与车辆纵向中垂面有相同的前束角。在此位置上定位后轴，如图6-24所示。

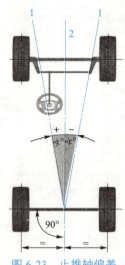

图6-23 止推轴偏差

图6-24 向正前方行驶

后轮前束角是指车辆纵向中垂面与后轮中心面相交的角度。当车轮的前部指向车辆纵向中垂面时，后轮前束为正。当车轮的前部指向偏离车辆纵向中垂面时，后轮前束为负，如图6-25所示。

前轮前束角是指止推轴与车轮中心面的平行线之间的角度。当车轮的前部指向止推轴时，前轮前束为正。当车轮的前部偏离止推轴时，前轮前束为负，如图6-26所示。

整个前束是指在同一车轴上左右车轮的角度之和，所以各个前束角前部的正负标记非常重要。

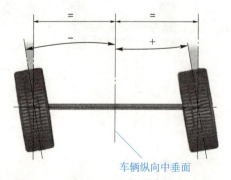

图6-25 后轮前束角

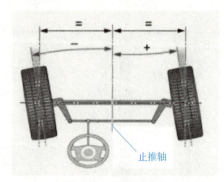

图6-26 前轮前束角

前束角作用：现代轿车，前轮前束角基本为正值，在1°以内。正前轮前束将降低转向灵敏性，增加直线行驶稳定性。

前束角定位不当的影响：当左右两侧前束值不一致时，容易导致汽车朝前束角的一侧跑偏。前束过大时，会迫使轮胎向外滑动，并使胎面的接触面在路面上朝内拖动，引起前束磨损，胎面成羽毛形。如图 6-27 所示。

外倾角是指车轮中心面和穿过车轮与地面接触点的垂线之间的角度。外倾角可以为正，也可以为负，如图 6-28 所示。

如图 6-28 所示，当车轮的上部偏离车轮中心面向外倾斜时，外倾角为正。当车轮的上部偏离车轮中心面向内倾斜时，外倾角为负，如图 6-29 所示。

图 6-27 轮胎羽状磨损

图 6-28 外倾角为正

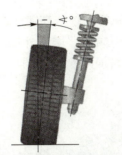

图 6-29 外倾角为负

卡车在空载和满载状态下，负荷变化较大，为了避免满载后车桥将因承载变形，可能会出现车轮内倾，加速轮胎磨损，卡车外倾角为正值，如图 6-30，图 6-31 所示。

图 6-30 卡车正外倾图

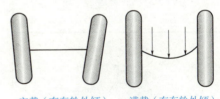

空载（有车轮外倾） 满载（有车轮外倾）

图 6-31 卡车正外倾的作用

轿车负载变化不大，所以轿车车轮无正外倾。现代轿车一般采用轻微向内倾斜的角度，大约 $-30'$。而一些赛车向内倾斜的外倾角比轿车更大。对于赛车和轿车来说为什么采用负外倾角呢？这是由于轿车或赛车频繁高速转向，为提高转向稳定性，必须保证转向时的轮胎与地面之间的摩擦力，以形成足够的向心力来低挡离心力。我们来分析一下，假设图中车辆向左转弯，在转向时外侧轮胎的离心力 $F_y r$ 如图 6-32 所示。如果轮胎是向内倾斜，把离心力分解为轮胎旋转轴线方向的分力 $F_y r1$ 和车轮纵向对称线方向的分力 $F_y r2$。分力 $F_y r2$ 增加了轮胎对地面的正压力，进而增加轮胎与地面之间的摩擦力，同时使得轮胎离心力减小为 $F_y r1$。对于左侧轮胎来说，离心力的分离 $F_y l2$ 沿轮胎纵向对称线向上，减小了左侧轮胎与地面的附着力，对左侧轮胎来说不利。由于转弯的时候轮胎外侧轮胎负荷大，内侧轮胎负荷小，因此我们要最大限度保证外侧轮胎的抓地力。

轿车或赛车

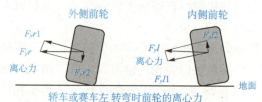
轿车或赛车左转弯时前轮的离心力

图 6-32 轿车内倾的受力分析

此外，赛车和轿车频繁高速转向，为提高转向稳定性，车轮内倾。转弯时外侧轮胎正压力增大，内倾能够增大外侧轮胎与地面的接触面积，增加外侧轮胎与地面之间的摩擦力，从而增加外侧轮胎的抓地力；内倾将导致内侧轮胎与地面之间的接地面积减小。

外倾角定位不当的影响：① 两侧轮胎外倾角不一致，容易导致车辆向外倾角大的一侧偏转。例如：左侧轮胎侧偏角为 0°，右侧轮胎为 –1°，则向左跑偏。② 两侧外倾角都过大或过小，轮胎偏磨，胎肩磨损严重（见图 6-33）。

主销是车轮的转弯轴线。对于自行车和摩托车来说，如图 6-34、图 6-35 前叉即为其主销，自行车或摩托车转向时，前轮绕着前叉在转弯。

图 6-33 胎肩磨损严重

图 6-34 自行车主销

图 6-35 摩托车主销

对于卡车来说，有专门的主销，如图 6-36 所示，转动方向时，车轮绕着主销转动。

对于轿车来说，主销是条虚拟的线，如图 6-37 所示。轮胎绕着这两个点连接的虚线转动。

主销后倾角是指与车辆纵轴平行的转向轴与路面的垂线之间的倾角。后倾角可以为正，也可以为负。转向轴相对于车辆行驶方向向后倾斜时，主销后倾角为正，如图 6-38 所示。转向轴相对于车辆行驶方向向前倾斜时，主销后倾角为负，如图 6-39 所示。

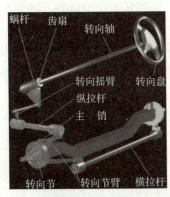

图 6-36　卡车主销

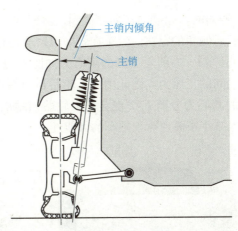

图 6-37　轿车主销

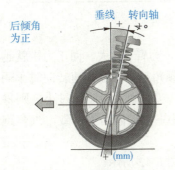

图 6-38　后倾角为正

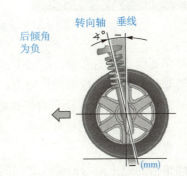

图 6-39　后倾角为负

主销后倾角的作用：① 自动回正。我们先来看简图 6-40，假设目前驾驶员操纵汽车向右转到 50°，那么地面需要给轮胎提供向右的向心力 F_y，向心力 F_y 作用在轮胎与地面接触中心上。我们来分析一下当转到 50° 位置并保持方向盘不动时，轮胎的受力情况：轮胎受到一个驾驶员施加的向右的力矩，同时受到向心力给轮胎向左的力矩 $F_y l$。这两个力矩大小相等，方向相反。如果驾驶员在方向盘向右 50° 的位置突然松开方向盘，那么轮胎在水平方向就只受到一个向左的力矩，因此轮胎自动复位，方向盘回正，我们把 $F_y l$ 称作回正力矩。

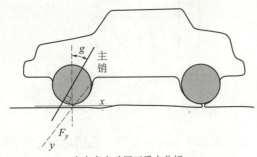

方向盘自动回正受力分析

假设向右转向50°

1. 当转到50°位置并保持方向盘不动时，轮胎在水平面受到的力矩满足如下关系：$F_y \times l = -M_z$

其中，F_y 为向心力；l 为向心力到主销轴线的距离；M_z 为驾驶员施加在方向盘上的力矩。

2. 在50°位置松开方向盘，$M_z = 0$，轮胎在水平面受到的力矩只有
$$F_y \times l$$

图 6-40　自动回正受力分析

② 转向时，轮胎向转向侧倾斜，减轻离心力，增加抓地力；减小高速翻车的可能性。由于主销后倾角的存在，汽车在转向时，会使得外侧前轮向转向中心倾斜，内侧前轮也向转向中心倾斜。右前轮受到的离心力如图6-41所示，离心力F_yr的分力F_yr2增加了轮胎与地面之间的正压力，因此增加了轮胎与地面之间的摩擦力，增大了轮胎的抓地力。同样左前轮的离心力分离F_yl2也会增加轮胎与地面的抓地力。同时，由于两个前轮的离心力减轻，也减小了高速行驶翻车的可能性。

 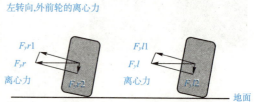

图6-41　主销后倾的受力分析

主销后倾角定位不当的影响：① 主销后倾角越大，力臂1越大，回正力矩就越大。回正力矩对于驾驶员转动方向盘来说是阻力，所以说后倾角越大，在高速转向时车辆就越稳定，但同时转向也会沉重，前轮会有轻微吃胎的现象。② 如果后倾角过小，则将导致高速转向不稳定，转向发飘，回正效果差。③ 如果两侧主销后倾角不一致，汽车跑偏，则哪边角度小向哪边跑偏。

主销内倾角指的是主销与铅垂线之间的夹角，如图6-42所示。

主销内倾角作用：低速回正作用。假设轮胎旋转180°，如图6-43所示，那么轮胎将转到地面以下。例如：当车轮在水平路面上进行转向时，由于轮胎不可能转到地面以下，因此水平路面对于转向轮胎来说就是有坡度的路面，对于轮胎转向来说是阻力，那么反过来，对于方向盘回正来说就是助力。

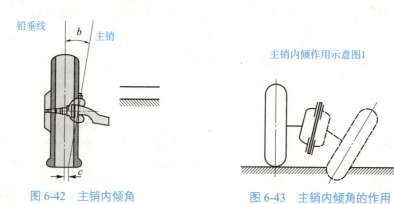

图6-42　主销内倾角　　　　　图6-43　主销内倾角的作用

主销内倾和主销后倾都具有回正的作用，这两者之间有何区别呢？主销后倾主要用于高速回正，从回正力矩公式中可以看出主要影响大小的参数为车速，所以在低速时主销后倾的作用并不大，而主要是主销内倾起作用。

$$M_z = F_y \times l = m \frac{V^2}{R}$$

主销内倾角定位不当的影响：主销内倾角过大，转向阻力会很大，转向沉重而且会加速轮胎磨损；过小，将导致回正效果差。

不同类型的四轮定位仪使用方法：参考相关说明书。

（2）3D 影像四轮定位仪检测车辆各定位角度的流程，请扫描下方二维码学习。

视频：车轮定位角测量

任务 1.3　调整各车轮定位角度

1. 工作表

（1）参考实训车辆维修手册，说明哪些定位角度可调，以及如何调整。

_____
_____
_____
_____

（2）根据检测结果，对实训车辆进行调整，并记录调整过程。

_____
_____
_____
_____
_____
_____

2. 参考信息

（1）后轮前束角与前轮前束角的调整顺序及位置。

后轮前束角指的是车辆纵向中垂面与后轮中心面相交的角度。前轮前束角是指止推轴与车轮中心面的平行线之间的角度。所以，在调整的时候，要先调整后轮前束角，再调整前轮前束角。有些车辆不可调，有些车辆后轮前束角可调。

以高尔夫 A7 为例，后轮前束角一般是通过偏心螺栓调整的，如图 6-44 所示。前轮前束角调整位置一般为转向横拉杆，如图 6-45 所示。

图 6-44 后轮前束调整位置

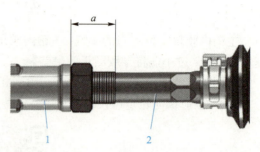

图 6-45 前轮前束调整位置

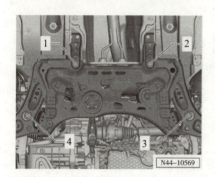

图 6-46 外倾角调整位置

车轮外倾角调整位置：一般为副车架四颗螺栓 1~4 左右移动或者偏心螺栓。如果调整外倾角调整位置为副车架螺栓，先调整前轮外倾，再调整前轮前束。图 6-46 所示为高尔夫 A7 的前轮外倾角，通过调整副车架四颗螺栓来实训。

主销后倾角和主销内倾角调整位置：一般车辆不可调，有些可调。高尔夫 A7 这两个角度均不可调。

（2）调整各车轮定位角度的流程，请扫描二维码进行学习。

视频：车轮定位角调整

三、参考书目

序列	书名，材料名称	说明
1	《汽车行驶与操纵系统检修（第二版）》，焦传君主编	北京理工大学出版社
2	车辆保养手册、车辆维修手册	依车型而定

学生笔记：